U0008422

明公啟示錄

帝王管理學與孝道文化

范明公孝經開講 2

范明公—著

目錄

第六章

身體髮膚 受之父母 不敢毀傷

孝之始也

第一節
孝之起點愛自己推己及人
夫妻關係即陰陽人倫第一

　　繼續為大家講解儒家孝道文化的重要經典《孝經》，第一篇《開宗明義章》是整部經典中最重要的，因此講解所用的篇幅也是最大的。前書中我們講到第一篇的總綱，「夫孝，德之本也，教之所由生也。復坐，吾語汝。」孔子讓曾子坐下來，然後慢慢的、詳細的講說。

　　孔子馬上開始接著講，【身體髮膚，受之父母，不敢毀傷，孝之始也。】我們平常認為，所謂行孝、盡孝道，就是對父母好，可是在此處孔子開宗明義，直接闡明真正的孝究竟是什麼，行孝從何做起。然而，孔子在此並未表達對父母好、為父母洗腳、給父母更多錢、為父母養老，就是孝。可見，這些並不是孝之始。

　　孔子又講，【立身行道，揚名於後世，以顯父母，孝之終也。】這兩句話，一是始，一是終。首先看一看與我

們平時的理解是否一樣。而後認真思考一下究竟何為孝？兩句話孔子都沒有講所謂的對父母好，沒有講所謂的順養敬承。孝之小孝，即對父母之孝，基本上包含四個方面，順、養、敬、承。順即是順從父母，敬是敬重、尊重父母，養即是贍養父母，承即是要繼承父母的優良品德。這就是對父母之孝所要做好的四方面。

但是《孝經》開篇，孔子為我們講授的孝之始是，「身體髮膚，受之父母，不敢毀傷，孝之始也。」然後接著講孝之終，「立身行道，揚名於後世，以顯父母，孝之終也。」但是，對父母之孝的四個方面都沒有提及，是否發現和思考過這個問題？

何謂孝？首先要做到的是，不傷害自己，即謂之孝。因此，孝之始並不是對父母好，而是先對自己好。這個跟一般大眾意識上、認為的孝不一樣吧？真正的大孝究竟是什麼？孝又是如何起修的？孔聖人告訴我們的起修處，即是從自身修起。何謂從自身修起呢？即關愛好自己，自己首先是健康的、幸福的、開心的、平安的、圓滿的，這才

是孝之始。從此開始一點一點的進入孝的修行，孝是一種修為，更是一種修行。

孝並不是對外的，不僅僅是對父母、對君主才可言孝，不是的。真正的孝要從關愛自己、關懷自己開始，在乎別人之前先在乎自己，讓別人幸福之前先讓自己幸福，讓別人開心之前先讓自己開心，帶領別人走向圓滿之前先使自己先圓滿。

有人說：「老師，您這不是自私嗎？」沒有自私，何來無私？大公無私是建立在自私的基礎之上的，是有順序的，而且不能顛倒順序。

有人疑問：「老師，我們從小接受的教育都是大公無私，都是不要總想著自己呀！受到的教育就是讓我們多為別人著想，別人有難時我們要挺身而出，有人落水時要捨命相救，公家的財產在大火中有危險要捨命搶救，寧可犧牲自己啊。」

但是，孔聖人為我們講授，身體髮膚受之於父母，不敢有所毀傷，這才是孝之始，跟我們從小受到的教育不

是恰恰相反嗎？那我們還要不要大公無私呢？此處是不是有糾結衝突呢？以前用於教育孩子的少年英雄賴寧救火事蹟，現在也逐漸被移出了中國的教科書，大家是否想過是為什麼？

　　一個國家如果僅僅提倡所謂的大公無私，卻讓人們認為自己的生命不重要，比如只要有人落水，必須立刻下水施救，無論自己的游泳水平、救人能力如何，甚至不管會不會游泳，感覺只要不馬上下水施救，就是不對的，就是自私自利。然而真的應該這樣認識嗎？想一想到底應該如何宣傳教育？是教育孩子遇到火災就要不顧一切一味的往上衝，不衝就不是好孩子嗎？我們的祖先古人又是如何教育的？中華古代教化之道會教育孩子們，英勇救人沒有錯，但是應該理性一點，要知道自己會不會游泳，知道自己的能力衝上去救火有沒有意義，知道何謂水火無情。

　　古之儒學和孝道文化，不是只告訴我們自私的明哲保身，什麼都不能做、不敢做，只為保全自己的生命，絕不是那樣。儒家的弟子門生最講究捨生取義，但一定要記住

這是有前提基礎的，所謂捨小我之生換取大義，得先知曉大義的真正價值所在。有些時候我要記得自己的身體髮膚受之於父母，不應損毀，但是如果在大義面前，我也要勇於犧牲，這才是儒家強調的。

其實在平時，所謂大義之事，即捨生取義、赴湯蹈火的事，一輩子也遇不到兩回，最多能有一次兩次風雲際會，可能大多數人一輩子也遇不到。不可能總是想像自己身處險境，有危險就往上衝。很多人就是這麼傻呵呵的衝，認為自己絕不能有絲毫的自私，一定要為了國家、集體的財產，為了別人的生命，奮不顧身。搶救國家財產、拯救別人的生命並不是不對，但總要有個最基本的前提，救落水之人，你自己會游泳嗎？搶救森林大火，你懂自我防護嗎？如果是為了愛、為了親情，不顧一切、義無反顧的去救是人之常情，但也要在有可能施救成功的情況下去救。如果完全不清楚落水的人的情況，自己不會游泳也不記得，一股衝動的激情湧上來就先跳進去，人能否救上來尚且未知，自己卻再也上不來了，如此有意義嗎？

大家要理解此處所講的意思，不是簡單的不讓或者反對不顧一切的救人，而是要讓大家清楚，做任何事情都要有理性的一面，不能只有衝動、僅憑激情，完全不考慮值不值得的一面。最重要的是請大家記住，你的生命是最重要的。保護好自己的生命，愛護好自己的身體，照顧好自己的心靈，這就是最大的孝。對於父母來講，難道不是這樣嗎？為父母洗腳、尊重父母、贍養父母，父母是很開心，但是如果你自己過得比竇娥還冤、比餓鬼都慘，父母能真正開心起來嗎？

　　孩子的健康、平安、快樂，是父母真正最開心的事。不要令父母擔憂，讓父母為兒女之事發愁，因為作父母的為兒女發愁是真愁。即使父母是億萬富翁，但孩子如果照顧不了自己，四處惹事生非，總是打架鬥毆、違法犯罪，甚至父母天天都在為孩子的生命安全操心，即使孩子常常回家為父母洗腳、按摩，都不能稱之為孝。

　　所以孔聖人告訴我們，真正孝的起始點是愛自己。先把自己過得健康、開心、平安，這就是孝的開始。真正想

人就是三，因為有了夫婦關係才有人，夫婦即是人之父母。因為先有了父母才會有孩子，所以在所有關係之中，父母即兩人的夫婦關係就是陰陽，是最重要的基礎，沒有這種關係，根本就沒有我的出現。但是從我的角度來講，我和我的老婆亦是陰陽，首先有我，又有了我的老婆，才有我的孩子，這即是所謂二生三。所以陰陽即夫婦關係是居中的關鍵，上承載父母，下承載孩子。

父母本身，他們之間的關係也是自成陰陽，倆人關係從人倫關係的序列上講，永遠都是夫婦關係第一位。所以，現在好多家庭中很深的矛盾就在於此，這些關係序列、家庭序位根本不清楚，甚至已經混亂，於是就出現各種家庭矛盾。為什麼會出現各種矛盾？陰陽不平衡就會導致五行顛覆，於是就翻天覆地了，家庭必然和睦不了。

家庭中的關係，有夫妻、有父母、有子女、有兄弟姐妹，第一最重要的關係是夫妻關係，這是所有序列之首，因此為人應當最重視、最要處理好的關係，就是夫妻關係，然後是父母，再往後是子女、兄弟姐妹，再往外是朋友，

這樣的序列必須梳理清楚。

現在很多老人家摻和子女的婚姻，動輒媽媽就問：「兒子，我和你老婆同時掉進水裏，你先救誰？」這種問題問出來，讓兒子很為難，怎麼回答啊？現在覺得根本無法回答，任何回答都會兩邊不是人。然而，孔聖人卻能告訴我們怎麼回答，到底還先救誰。你得回答：「我應該先救老婆。」

可能媽媽那邊眼淚馬上流下來了，「好啊，你小子，娶了媳婦忘了娘！」

而你必須接著就得說清楚，「媽媽，你有爸爸救呢，你應該讓爸爸救，而不是我去救。」

要確定清楚，媽媽最直接、最親、最近的關係，應該是爸爸。你即使作為兒子也不能摻和到父母之間去。反之，作為媽媽也不能摻和到孩子夫妻中，天天出謀劃策，這個姑娘是什麼特點，兒子應該如何應對等等。孩子結婚以後，就是人家小夫妻之間進行關係處理，必須得讓他們獨立，父母就不能再參與。現在多少丈母娘摻和到姑娘的婚姻中，

多少婆婆摻和到兒子的婚姻中，結果家家雞犬不寧，甚至家宅不安，這樣是不可以的。無論丈母娘還是婆婆，首先要把你自己的老公、老婆照顧好，把你們老夫老妻的日子過好。

這可不能混淆，這即是綱常。

第二節

三綱各負其責男女皆心安
陰陽屬性不同平衡是道統

綱常是在道統之下建立的，那可不是古人一拍腦袋，綱常秩序隨意一建而形成的，而是符合大道之規，符合人性規律的。男人社會男人說了算，當家作主，女人在家相夫教子。於是引申出三綱五常，父為子綱、君為臣綱、夫為妻綱。現在婦女一聽，受不了這些，還談夫為妻綱，覺得是壓迫婦女的言論。其實根本就理解錯誤，所謂夫為妻之綱、父為子之綱、君為臣之綱中綱是什麼意思？根本不是女人就得順從老公、臣子就得順從君主、兒子就順從父親，孔子所說的完全不是這個意思。

再者，三綱五常也根本不是孔子說的，不是孔子發明創造的。現在卻把責任全都歸咎於孔子，而且認為這就是在壓迫婦女，其實孔子比竇娥都冤。為什麼？三綱五常在周初建立的禮制中就有，而且夏、商、周就一直這樣實行，

17

甚至夏商周之前的黃帝、堯、舜、禹時期就是這麼制定的，是上古流傳下來的。

女同學馬上回應，「老師，那我們得推翻這些啊！為什麼夫為妻之綱？我們為什麼要聽老公的？我們比老公聰明多了，婦女半邊天，我們就應該獨立！為何不能是妻為夫之綱！」

你理解的並不是真正的涵義。究竟何謂夫為妻之綱？意即是夫要做榜樣，夫要負責任，既要對妻子起榜樣作用，又要為妻子負責。夫妻即為陰陽，夫為陽，妻為陰，陽主動、主外，陰主靜、主內，此即謂道統。陰陽的學說理論，基礎即是本身陰陽有別，屬性不同，推演出男女有別，各守其職，並不是所謂的貴賤之分，一方必須服從另一方。陽本身就是要動，就是燥，要往外跑；陰就是要靜，而且靜得住。陽有乾之德，陰有坤之德，所謂坤之德就是包容、守靜、容忍。

何謂對，何為錯？其實都是人性，在陰陽、道統的規律下，才有綱常，即有了三綱五常，如此無論男女心都安。

有人不理解三綱五常和心安有何關係，更不理解儒家所說的女人要有三從四德。其實現在絕大部分的人都不知道三從四德究竟是指什麼，只是認為不對，覺得壓迫婦女，三從四德規定婦女該如何、不該如何，心中就覺著不平衡。但是我要告訴大家實際情況是，周初時為女人制定三從四德，為男人制定的規矩更多更多。女人要守坤之德，男人更要守乾之德，因而規矩更多，責任更大，要服從的人事物也更多。

這些內涵之義都不知道，一味感覺男人就是不受限制，甚至在欺壓女人，這就是近一百年來，尤其是五四運動以後，越來越強烈的一種概念。

女人越來越不服，非得翻天不可，「你們男人憑什麼欺壓我們女人，讓我們在家相夫教子，讓我們不工作、不賺錢，你們在外面賺錢以後花天酒地。男人有錢就變壞，之後相中了青春年少的，就看我人老珠黃，就把我扔了！」其實這都是女人自己過多的臆想。

真正的儒學，即周初禮制所規定的婦女地位可並不低，

從宋以後才開始形成現在所謂壓制婦女的情況，婦女的地位逐漸下降。直到民國時期，新中國成立以後，婦女地位上升了，但是周初的禮制也都沒有了，於是就翻天了。雖然提出了婦女應占半邊天，但實際上現在的婦女何止占半邊天，家裏基本都是老婆說了算，同時還有很多都是老婆出去賺錢。

有人一聽馬上警覺，「老師，您的意思是女人出去賺錢不對嗎？」

不是不對，我們往後一點一點的講解，其中到底是何道理。我們的綱常一定是建立在道統的基礎之上，道統其實就是天之道，即所謂陰陽有別、各司其職。

為何講到這些，因為這就是孝，起修孝之道，首先得認同道統。而所謂世界萬物皆由陰陽轉化形成，陰陽本自有別，守陰陽之道而各司其職，這就是道統。在此基礎上建立綱常，亦即為人理當認清的概念是，教化眾生知道何為道統之基礎，在此規律下應守的綱常，就是等級。但等級並非高下，而是各司其職。

說到首先是陰陽有別，就與我們現在的理念產生衝突。現在的理念是所謂的平等，眾生平等，人和人之間都是平等的，沒有高低貴賤等級之分。然而，我們從道統的角度來看，陰陽平等嗎？是的，是平等的。陰陽平等但各有各的屬性，雖沒有高低貴賤之分，但是屬性不同。首先必須認同其屬性的不同，因而陰有陰之職，陽有陽之職，方可各司其職，各負其責。陰不能越過陽，去做陽的屬性之事，陽也不能去做陰的屬性之事，除非在一定的條件下發生相互轉換。這就與現在的理念即普世的觀念有所不同，現在強調的平等是時時處處都要平等。

　　孝即是道統。真正的大孝之道，首先即要遵守陰陽平衡的道統之規律。男人有男人的屬性，女人有女人的屬性，父有父的屬性，子有子的屬性，君有君的屬性，臣有臣的屬性，而且都互為陰陽。父主動、屬陽，子主靜、屬陰，陰附於陽；君屬陽，臣屬陰，臣附於君；夫屬陽、主動，妻子屬陰、主靜。皆是屬性不同，並非孰好孰壞，不是陽比陰好，不是陽不如陰，也不是陽就地位高貴，陰就卑下低賤。所以，要符合道統，就不要強調絕對平等。

所謂絕對平等的意思為，陰可以是陽，陽可以是陰，任何方面都不能有差別。陽主動，我陰比陽還動；陽主外，跑得遠，我陰也不能呆著不動，我跑得更遠。反之陽一看陰在家裏呆著那麼靜，我陽也不動了，我比陰還靜。現在我們都是這種思想，就是接受所謂現代西方的教育的結果。西方講究自由、平等、博愛，不講究陰陽有別。

　　我們現在正在講的，就是在中華的黃帝、堯舜禹、夏商周時期，建立的道統所形成的綱常。其實早在黃帝、堯舜禹時期就已經有了，僅是在周時明列出來，且記載流傳。周初的禮制最完善的列了出來，就是為了符合道統形成綱常，然後形成倫理道德的規範和制度。一整套的三綱五常，以及倫理道德，都是據此而來的，對男人有男人的要求，對女人有女人的要求。

　　而我們現代社會，為了把所謂的封建社會推翻、打倒，就說古制全是錯的，其中最大的罪惡之一就是不尊重婦女，欺壓婦女就是萬惡的舊社會。究竟是不是那麼回事？事實上，對男人的要求，男人應該負的責任、背的重任，丈夫

應該如何對待妻子、孩子，那時都是有明文規定的，而且要求的比對女人的繁複得多，責任大得多，身背的重得多。如此說來，那時對男人更是欺壓。

我們學習任何東西得學明白，不能人云亦云。所謂絕對平等，本就是不可能的，人生下來就不可能平等。想要那種絕對平等，首先可以看一看，有的人生在富貴人家，生下來就衣食無憂，有的人卻生在貧困人家，先天都不可能平等。其實，宇宙中就沒有平等的東西，例如動物界，生成羊和生成狼能平等嗎？狼出生長大，天生就要吃羊，更不必說老虎、獅子這些猛獸，能夠平等嗎？一出生就是螻蟻，或者一出生就是人，如何平等？其實本來就沒有平等。

然而，現在的我們卻要人人平等，教育都以平等為導向，如此就導致人心不古，而且人心不服。在家中的父子之間，兒子看不起父親，要平等，所以子對父忤逆、抗上，心中從來根本沒有父為子之綱。

現在的孩子看父親就覺得，「你只是比我多吃幾年鹽，

你的教育水準沒有我高，比我差遠了，你是無名的大學畢業，我是清華畢業。你讀了幾本書啊？知識量比我小多了！」

如此，開始綱常敗壞。於是到社會上，所謂君臣之間，即是老闆和員工之間，所有的普通員工，甚至前台、門衛都看不起老闆。員工心想，「老闆不就是有幾個臭錢嗎，他就是靠他爸媽留給的那點臭錢。」

其實，所有的這些忤逆、抗上的心理，都是心中那個所謂人人平等的概念在作怪，使得人人不服。

有人問：「老師，難道人人平等這個概念不對嗎？」對與不對，首先是從哪個角度看待。從中華古聖人孔子孝道文化的角度，強調一個孝字，首先即是從陰陽推導出綱常，沒有絕對的平等，而是各司其職，各謀其政。父子之間，難道父親一定比兒子高、比兒子強嗎？是的。兒子必須順從父母。

有人有不同意見，「老師，現在的父母，某些方面不如孩子卻強逼孩子，特別固執，把孩子的婚姻、家庭、工

作各方面都誤導了，有沒有？」

　　是有這種特殊情況的，但那畢竟是少數。聖人制定和遵循的綱常講的是普遍性，不能因為個別、個性的存在，把普遍性的綱常破壞掉。等級必須得有，社會成員的分工，必須得認同等級，順從等級。如此，整個社會才會穩定，才不浮躁、不躁動，才不會經常翻天覆地，混亂不堪。

　　我們現在的社會就是亂的，孩子在家時跟父母對抗、任性，認為自己是獨立、是個性、有主意。父母在家也不知道應該如何對待孩子，同時也不知道如何對待父母的父母。孩子進入學校以後，接著跟老師對抗；走出學校步入社會，繼續跟領導對抗、跟老闆對抗。如此即是在社會上，不懂何謂君臣之間的君為臣之綱，究其原因則是因為在家就不知何謂父為子之綱，於是進入社會依然不知順從，瞧不起人，越是領導越是老闆，反而越是看不起。

　　現今中國人，基本人人如此，無一例外，這就得追究到我們從小所受的教育，是如何對待長輩、如何對待老師的。現階段這套教育的餘毒無法從人們的意識中清除，甚

至繼續存留在一代代的年輕人身上，大學生剛到工作單位，什麼都不會，只會清高、瞧不起人，看著前輩就覺得是些腐朽的老傢伙，剛工作不足兩個月就給領導甚至給老闆寫信，提各種建議，控訴自己的領導各方面如何不行，標榜自己多麼優秀、比誰都強。這就是現在中國人的一種普遍共性。

因此，我們的家庭不穩，結婚以後家中沒有綱常，既沒有夫為妻之綱，又沒有父為子之綱，而是都講究平等。就因為這個平等，使得家宅不安、矛盾重重。夫妻之間，也不遵循以前普遍認同的社會分工，完全不是各司其職、各謀其政。為妻者要大膽的說不，即所謂誰的能力強，誰就外出工作賺錢，能力弱的在家留守看孩子，無論男女，這就是平等。

企業中也是混亂，員工看不起老闆，天天幻想自己一旦有機會當了老闆，肯定比他強，於是越來越想馬上取而代之，因此完全不知感恩。不知道老闆有老闆的職責，老闆為員工提供平臺教授技能，員工卻絲毫沒有感恩之心，

還總是認為老闆離不開自己。

於是乎，家庭不安、家族不安、企業不安，這套思想繼續延展下去，國家也將不安，甚至國家領導人的背後，都是人人在等著盼著，都秉持著「王侯將相寧有種乎」，認為運勢一起自己做領導人肯定更好，這就是君臣之間追求的所謂的平等。

現在再看整個社會成了什麼模樣。中國人目前的離婚率超過 50%，因為家庭不安；社會浮躁，企業人員流動極大，而且基本沒有了家國的概念，所有的精英全都走出了國門，根本就不願留在國內。整個社會互相爭鬥，上下皆怨，毫無和睦可言，豈不正好與《孝經》孔聖人所講的相反，然而為何天下如此不順？「先王有至德要道，以順天下」，所以《孝經》就是告訴我們首先要學習孝道，透過孝，即透過道統，建立社會的綱常，人人皆守綱常，不破壞社會等級，各司其職，各謀其政，這才是穩定的基礎。

然後開始修孝，首先從自身起修。先把我自己修好，進而推己及人，我的伴侶即老婆、老公，我的父母、孩子、

兄弟姐妹、朋友，然後推及我的同事、員工，如此一層一層的修。

具體如何修，則是先立綱常，國有國之綱常，家有家之綱常。國為大家，家即小國，國將綱常立好，家的綱常自然就有；每個家庭都把綱常立好，國之綱常自然出現，這都是相輔相成的關係，如此整個國家和民族，以及每個家庭和家族，才都會穩定。

因此修孝，想建立穩定的社會結構和家庭結構，想社會穩定、家庭幸福、長治久安、繁衍生息，想企業和睦團結、上下無怨，首先就要從立綱常開始。陰陽有別、各司其職、各謀其政，從此開始，人人都不僭越，不破壞綱常及倫理，不破壞整套體系，而是共同遵守這套體系。於是，民心自然一點一點的順，此即所謂以順天下。然後再看，綱常一旦建立，家庭就和睦，男女之間就不對抗衝突了。

現在夫妻間都在比，「我比我老公厲害，我老公是窩囊廢，不管別人家如何，我家還得靠我這個女人出去賺錢養家！」老公也不服，「你出去賺錢，那我也得出去！誰

照顧家，誰照顧孩子？」

於是，兩人都出去了，最受苦的則是孩子。最後，兩人事業都成功了，孩子教育卻失敗了，其實最終還是失敗了。

講到此處，我又要說到日本。日本的綱常就一直沒變，君為臣之綱，父為子之綱，夫為妻之綱，日本現在還是這麼做，無論家庭生活，還是社會結構，都很穩定。其實值得我們看一看，學一學。

為何中國現在離婚率這麼高，而且全民皆焦慮？天天強調平等，女人當男人用，都成了女漢子，男人沒辦法，更慘了，都當牲口用，能不焦慮嗎？整個社會的導向又是金錢至上物質第一，家家都在攀比，比誰更有錢，於是為了有錢不擇手段，整個社會動盪、不安、混亂，企業人員流動巨大，老闆和員工之間上下相怨，這就是現在五倫敗壞的現狀。

所謂五倫，即父子、君臣、夫婦、兄弟、朋友。亦即是我們常說的倫理，為什麼會倫理敗壞？就是因為綱常破

壞，沒有綱常。所以我們講解《孝經》時，要重點的多講一講何為綱常，為何要守綱常，以及綱常真正的含義。大家不要直接把綱常理解為壓迫婦女，其實綱常對我們整個政治體制和社會結構，以及社會的穩定性都太重要了，對國家能否持續團結、和諧、穩定的發展更是至關重要。

一個國家和政府應該向這方面引導，把物質方向引導到守綱常、建倫理的方向上來，其中道理十分深重。一個企業，所謂的企業文化也要向這方面引導，老闆就是老闆，員工要尊重，企業中員工敬老闆，老闆敬員工，才是團結和睦的狀態。人人皆能敬、順，社會都能陰陽有別，不再天天強調平等，而是知其屬性不同，一個公司並非人人都能做老闆，現在是員工就做好一名員工。

中華古人如何看待老闆和員工之間的關係？我們看作是一種師承的關係，根本不似現在這種雇傭關係，所以關係非常穩定，而我們古代的企業也特別穩定，包括軍隊的建設特別穩定，家庭的建立也特別穩定。然而，時至現在的中國人，看古代社會全都認為是萬惡的舊社會，欺壓婦

女、百姓，皇家都是宮廷內鬥，看的都是負面。

負面的東西當然是有的，而且什麼時候都有，但那不是社會的共性。我們現在強調的不是個性，而是共性，社會有普遍的價值觀、普遍的社會結構、普遍的綱常、普遍的倫理、普遍的禮規、普遍的法治，這是我們正在講解的。在此透過一句話又延伸了很多，其實講的三綱五常、倫理道德，都是《孝經》後面章節中的內容。因此還有一點要注意，讀《孝經》必須還要結合一部經典，才能真正讀明白，因為《孝經》太簡練了，單一的讀很可能不知道在講說什麼，因此必須結合《孔子家語》這部書。

《孔子家語》同樣也是儒學第一經典，與我們一直強調的最重要的《孝經》，兩者是何關係呢？《孔子家語》基本就是《孝經》的延伸和說明。而《論語》其實都包含在《孔子家語》之中，是《孔子家語》的一部分，因此都是由《孝經》延伸出去的。所以，大家要結合《孔子家語》來讀《孝經》。

我所講授的所有觀點及其論述，都源自於儒學經典。

當然其中很多理和觀點，人們並不接受、不認同。因為與我們現在的教育和普世價值觀有所衝突。其實，大家可以帶著判別來讀本書，也不能說我對儒學經典的講解一定就是對，這只是我的一家之言，但我一定本著一點，句句不離經典。我的任何觀點，比如告訴大家的三綱五常根本不是現在大眾理解之意，隨後我都會在經典中找出根據和出處。比如大周、大漢、大唐時期的婦女多麼的解放，根本不是被欺壓的狀態，而那才是真正的平等，同時又是各司其職的。到底是到外面賺錢好，還是在家中相夫教子好，其實並沒有好與不好，只是屬性不同。

創霸業捨生忘死 建帝業孝禮體制
敬自身妻兒國家順暢

前文講到，「身體髮膚，受之父母，不敢毀傷，孝之始也。」知道真正的孝要先從愛自己開始，然後才能推己及人，才有可能愛人，這是千古顛撲不破的道理。自古以來，就沒有那種不愛自己先愛別人的人，而所謂愛眾生卻對自己沒有一點愛護的人，也是不可取、不存在的。

有人問：「老師，歷史上不是有很多的聖人、很多的大德，自己以身飼虎嗎？不就是老虎餓了，他用自己的臂膀、自己的肉餵老虎嗎？」

為了眾生，捨己為人，這種人是有的。我所講的並不是反對這種情況，但這是在一種特殊的情況下，有時候我們為了大義，就要捨生取義。這種情況下，我們可以為了眾生、為了國家、為了民族，犧牲自己，但是在此聖人告訴我們的是普遍性的道理、普遍性的規律，是符合人心、

人性、人情的，而不是特殊情況下的案例，特殊情況有其更深層的道理。

儒學，首先告訴我們平時應該怎麼做，所謂的道統綱常就是平時應該做的，這是一種普世價值。不可以將為了大義捨生取義這種情況，當作普世的價值去推廣。我們絕不排斥或反對捨生取義的情況，而是在講說我們平時應做的。因為我們一生中極少遇到需要捨棄自己生命的大義情況，有的人甚至一輩子也遇不到，有的人一生就遇到一次，所以不能把特殊情況用在普世價值、平時狀態之中，而我們平時就應該愛護好自己。

有人問：「老師，孔聖人所謂的愛護好自己，是不是就是自私？」愛護自己和我們平時所說的自私，並不是一個道理。

接著問：「那我們就應該是無私，對吧？」那首先請問大家，自私有什麼不好？

馬上回答說：「自私當然不好啦！自私自利，肯定是不好！」那再請問，什麼是好呢？

回答得更快，「無私就是好，大公無私就是好！」

的確，現在這種教育接受得太多了，所以人們天天都想要大公無私，都覺得大公無私就是好。然而，是否想過這是符合人心、人性、人情的嗎？如果不符合人心、人性、人情，那麼所謂的這種教化，就只能是一時的，在特定歷史條件下可以那樣宣傳，讓老百姓、廣大眾生都這樣做，脫離了特定歷史時期，就不能再這樣做了，大家也根本遵守不了。意即是，脫離了特定歷史時期，再去講違反人心、人性、人情的東西，必然無法永恆長久。

其實在此聖人告訴我們的，都是符合人心、人性、人情的狀態下，應該如何樹道統、立綱常、定倫理、設禮規，然後制定法治，指的是正常時期、通常狀態下的長久之計。如果是在改朝換代的時候，我們為國為民拋頭顱、灑熱血，那可不是不對，在那樣的特定歷史時期下，那一代人可以這樣宣傳推廣，全民同仇敵愾，保家衛國，捨身取義，捨生忘死，赴湯蹈火在所不惜，但那一定是在特定的歷史時期下。

當取得天下以後，已經完成了歷史使命，就不能再宣傳這些了。離開了特定時期，就進入了有常的狀態，那就必須得符合人心、人性、人情才能長久延續，才能夠長治久安，國家、企業，包括家庭、家族，才能夠和諧。和平年代，戰爭時期，以及殖民地、半殖民地時期，所宣傳的、引導眾生的、教化眾生的一定是不同的方向，首先一定要分清歷史時期。和平年代依然還讓大家捨生忘死，就不符合人情、人性，肯定長久不了。

　　企業也是一樣的，創業階段的企業，要提倡為了事業不顧個人的利益，大家加班加點，捨生忘死的拼搏。而當企業進入守業期的時候，創業期已經過去，真正到了守成之時，就不能再強調捨生忘死的拼搏，必須建立一整套符合人心、人性、人情的經營機制和管理體制，樹立一套合乎道統、綱常的企業文化，要把個人利益、集體利益劃分清楚、考慮到位。企業如此才可稱為管理有方，才能長治久安，才能高效發展，而不是僅憑一時熱血、一股衝動往上衝。

這種一時的衝勁，是作為霸王創立霸業之時需要的，但一定是短暫的。作為帝王，要建立帝王的基業，百年、千年、萬年的帝業，就一定得建立一整套符合人心、人性、人情的制度體系、社會結構，然後再整體往前發展，而不是僅憑個人力量。

　　所以，孝是先王的至德要道，真正管理眾生，一定是從孝開始。此處之孝，不能當成僅僅是孝順父母，認為所謂的儒學只是告訴我們孝順父母，教我們仁義道德、行善積德，那根本不是儒學。真正的儒學一整套體系都是緊緊的圍繞經邦濟世而來，真正的孝也一定是從自身的愛護開始。

　　這種觀點是上古直接傳下來的版本，還是孔子創造出來的，或是孔子對上古學問的解讀？在此我還是再為大家提供一些真實的史料，前面講過，要讀懂《孝經》的含義，一定要配合《孔子家語》，《孝經》都是太簡略的一句話直接帶過，但其中都有很深的內涵、含義，所以，我在《孔子家語》中節選與《孝經》相關的段落與大家分享，從而

把《孝經》講得更深更透，使大家更好的理解。

　　《孔子家語》中說：「故為政先乎禮，禮其政之本與。」這是魯哀公問孔子到底如何治理國家。魯哀公是魯國國君，孔子當時在魯國作官，於是魯哀公向孔子請教帝王的治理之道。

　　「故為政先乎禮」就是說，管理眾生首先應該從禮入手。「禮其政之本與」即禮、禮儀、規則、規章、制度，是管理眾生之本。為什麼管理要從禮儀規範開始？禮儀規範的前提又是什麼？禮儀規範的前提即是敬，而敬的前提則是孝。亦即是說由孝引申出敬，由敬引申出禮，禮又是管理眾生的根本，即禮儀規範是管理的根本。

　　最簡單的形象對比，即軍隊中正規軍和土匪有何區別？最大的本質區別首先在於，正規軍紀律嚴明、等級分明，等級秩序是最基本的，然後有紀律，上令下行，有規範，大家知道如何做，不會任性妄為，有禮儀，禮儀即是等級的表現，等級產生在敬的基礎上，所以有等級就有禮儀，進而有規範就有紀律。所以正規軍一定要成為等級分

明、紀律嚴明的鐵軍，方得百戰百勝。土匪則沒有等級，大家憑的是哥們義氣，沒有禮儀規範，想怎麼做就怎麼做，各自以各自的能力做。

如果做企業，是選擇做正規軍式的企業，還是土匪式的企業呢？而企業內部不講等級，沒有禮儀、沒有規範、沒有紀律的，這樣的企業永遠做不大。其實就類似於土匪式的軍隊，有計畫大家就一窩蜂的上，搶到這個計畫就有幾個月的資金收入，一旦沒有計畫可做，軍隊不像軍隊、企業不像企業，都分散著各行其道，其實就是一群土匪。

我們講解孔子的《孝經》，其實就是在講帝王術、帝王學，儒學就是圓滿的帝王學，就是在告訴大家如何進行企業管理。《孝經》真正讀懂、學明白了，就知道管理企業從何處入手了。因此，儒學的培養對象，不是為普通百姓服務的，而是在教化普通百姓，讓他有知識、有文化、有智慧，認清宇宙自然發展的真相，明白人心、人性、人情是什麼，根據這些引領、指導統治者管理眾生，從而使每一朝每一代，都能夠長治久安，繁衍生息，因此稱之為

經邦濟世之學。

透過儒學的教化，即使是一個眾生、一個平民百姓，亦可學到帝王學的智慧，學好之後即可輔佐帝王，成為帝師、宰相，或者自己成為帝王，能夠管理眾生。

有的同學認為，「老師，這不是為統治階級服務嗎？這是不好的。」

其實不應該這麼認為。是否真正明白為統治階級服務有何不好呢？所謂統治階級即是國家政府，代表的就是人民，代表著國家、民族所有眾生的利益，為這個國家政府工作服務，又有何不好呢？我們接受的教育，淺顯的理解不應該為統治階級服務，我們要真正的理解和改正這種認識。孔聖人一直告訴我們「學而優則仕」，如果學了一套儒學體系，然後去種地，去做小買賣，這並不可以，因為儒學根本不是用作那些方面的，而是有大用的。

何謂大用？即為國家為民族服務。但可以先為自己的家庭服務，學好之後也就會知道如何管理家庭了，家庭就會更加和睦。進而在家族中也會具有威望，能為家族制定

禮儀、規章、制度，整個家族就會團結一致，興盛發達。然後管理企業，學好之後或者自己做老闆，或者輔佐企業老闆擔任高階主管，都是對企業進行管理。當然，我們並不能說學生中一定有人可以去管理國家，做國務院參事等工作，這種人本就寥寥無幾，但學好儒學體系，只要有機緣，當然有能力在那個層面管理國家，或者為領袖顧問即為帝師，或者當政府總理即為宰相。這都是可以的，只是要看你自己的造化。

但是，領袖帝師、總理宰相畢竟僅有一兩個，大多數人學習儒學，是為了自己的家庭、家族、企業的管理，希望都能夠和諧團結，長治久安，繁衍生息，代代相傳。而這套智慧應用體系也正是我們現在最急缺的，因為現在中國人根本找不到正確的路，經濟是發展了，但有錢之後，我們如何能夠復興？民族大業現在根本沒有復興之路，都是一片迷茫，所謂摸著石頭過河，其實不知如何過。

向西方學習，且不論高低優劣，首先根本學不像，而不向西學又不知自己應走何路。所以現在整體上感覺混亂，

在這種狀態下，怎麼可能長治久安的繁衍生息，重新屹立於世界之巔，根本做不到。都還是迷人，正如盲人摸象，根本不知道大象是什麼，僅憑自己的感覺，就是在迷途中摸黑前行、在大霧裏找不到方向的迷人，甚至說不定哪一步就邁進深淵，落入懸崖。而迷人在迷途中摸出一條路，只能憑運氣。而所謂運氣哪有這麼簡單，凡事豫則立，不豫則廢，都一定有其章法，一步一步的走，才有可能做好。

現在的狀態是，整個國家和社會，自上而下都沒有固定的套路，不知道該向誰學習了。因為，中國古代的體系已經被我們自己打破，自 1912 年不允許讀經尊孔開始，古人的智慧、古代的體制至今已經全部推翻，徹底打破了。我們已經摒棄、排斥古人，所以不會向祖先學習。而現代的又不知怎麼學，只能向西方學，跟著西方的路線，跟著西方的市場經濟前行，然而這樣適合中國人嗎，符合中華的實際嗎？其實不一定。

西方現代體系整體才實行了多少年？沒有經過千年不斷的驗證與試行，不一定就是成功、正確的，事實上，西

方也正在摸著石頭過河。所以，中華真正要復興，真正要崛起，不能完全的向西方學習，一定得有自己的路。不是非要學習古人的智慧，我們才有路可走。但首先我們得比較著看，古人實行了幾千年的制度、政策、社會結構，比西方僅實行二百年的體制，哪個更可取呢？

　　古人的智慧我們可以不用，但得先瞭解自己的祖先，得理解祖先為何如此制定，得清楚中華幾千年朝代不斷變更，而各朝各代的開國明君卻還是都在沿襲這套體制，他們為什麼不變？又為何歷史上只要不按這套體系、社會結構沿襲使用的，朝代都不過百年，甚至十年、二十年就結束了、滅亡了，僅是成就一代霸業，卻成就不了帝業，傳承亦不過一兩代就斷了呢？

　　這都是歷史的規律。我們現在學習的國學大智慧，其實就是把歷史一整套規律，亦即是一整套歷史社會的體制、體系、社會結構，為大家講清楚。只有清楚、理解了，再到現實中試行，你才能夠看到能不能用，能夠感覺到有沒有道理。比如針對管理學，孔聖人教授我們的是最高的管

理學，你能否認同，當然不能一說即認同，所以我們透過《孝經》來講解管理學的根本。

企業文化很重要，那只是讓大家付出嗎？大家為何要付出？付出是為了多勞多得。然而多勞多得是正確的嗎？這是西方的管理體制和管理學理念所提倡的，按勞分配，現在我們都認為這是對的，但是實際上究竟何謂按勞分配，你真的清楚嗎？如何執行按勞分配你知道嗎？

有的同學管理經驗豐富，回答：「老師，那很簡單啊，我知道。誰給企業做的貢獻最大，誰產生的效益最高，誰就應該得到的最多，這就是按勞分配。」

這種理解是錯的。如果都這麼理解，那麼一個足球隊踢球，產生效益最高的肯定是前鋒，前鋒就是負責進球的，進了五個球都是前鋒的功績效益吧，那最後獎賞時是不是應該只獎賞前鋒呢？能那樣做嗎？企業中為企業創造效益最大的應該是銷售，那銷售冠軍就應該賺得最多，而生產、運輸、售後服務部門，都沒有直接創造效益，甚至認為都是在花銷、耗費資源，那普通工資就可以了。這樣可以嗎？

其實根本不是那麼回事。但現在的企業管理卻都是這種做法，所以我們要學習古人的智慧體系，而且要學深學透，清楚其究竟，這是第一位的。

我們回到《孔子家語》這段話，「孔子遂言曰：『昔三代明王，必敬妻子也，蓋有道焉。』」孔子回答了這麼一句話。以前，當我們對孔子不瞭解時，會認為孔子儒學對女人對婦女特別不尊重。《論語》中有一句話，「唯女子與小人為難養也」，感覺把女人和小人即所謂心量、氣度狹小的壞蛋，合為一談，覺得儒家禮教、章法、制度都是欺負婦女，所以認為儒學是腐朽的，是應該打倒的。但其實並不是那麼回事，這樣理解是不對的。

從《孔子家語》這段話我們即可看出，當帝王問孔子管理眾生、管理國家，為什麼禮為先，為何禮是管理國家的根本時，孔子馬上回答：「昔三代明王，必敬妻子也。」三代明王指的是夏、商、周開立王朝的明君；夏，即是大禹的兒子啟建夏；之後，商湯滅夏桀，湯建立了殷商；再後來，周文王、周武王滅商紂，建立了周，這就是所謂三

代明王。他們管理眾生、管理國家從哪裏開始？孔子首先說「必敬妻子也」，即是從此開始的。

管理國家使國家和睦、團結、長治久安，帝王首先必敬妻子也，一是妻，一是子，妻排在最前面，而後是子，即子女、子孫。明王就是帝王明君，明王在家裏首先可不是作威作福，讓老婆伺候著我，孩子必須聽從我，這是我們現在一說到封建帝王，感覺好像是那樣，但其實絕不是那樣。而老爺在家至高無上，什麼都不做，老婆奴僕似的伺候，孩子百依百順，老爺對妻妾都特別不尊重，這種狀態是宋以後才開始的。

在黃帝、堯、舜、禹時期，夏、商、周三聖時代，作為帝王，對妻子、兒女都是敬，由此開始，家中妻子盡妻子的義務，丈夫盡丈夫應盡的職責，子女亦有子女的職責和義務，劃分得非常清楚，並沒有高低貴賤之分，互相尊重、互相信任。即使相對遙遠的三聖時代我們放下不談，在我們更熟悉的漢唐時期，婦女地位也是相當的高，並不像宋以後的婦女，還在家中裏小腳，天天卑躬屈膝的。然

而，漢唐時婦女地位高，也沒有跨越到男子之上，而是平等的。其狀態就是男女有別，陰陽屬性不同，但是各司其職，相互尊重，相互信任。

所以孔子真正重點強調的是，「蓋有道焉」。真正的管理，無論管理國家，還是管理企業，都首先要從管理好家庭開始入手。家庭如何管理好？就是分工明確、男女有別、各司其職、各謀其政、相敬如賓、互相信任，這就是家庭管理，此即謂有道，有天之道，亦即是如此就符合道統，具備了道統的前提，進而即可立綱常，定倫理，設禮規，建法治，這樣一套體系先在家庭裏實行好，即謂齊家。

齊家之後，即可治國，就可以出去打天下創企業，把管理家庭、齊家的整套方法應用到企業中，企業中也有上下尊卑，有等級有秩序，企業也能管理好，進而成功打造自己的商業帝國，亦能興盛繁榮，長治久安。

如此，一旦有機會可以治理國家，還是這套方法又能推廣至國家治理上，其實齊家、治國都是一回事。所以，一定不要再誤會孔子，不要誤會孔子對婦女不敬，儒學就

是腐朽的男尊女卑，我們的孔聖人並沒有如此。孔子真正不斷強調的反而是，「必敬妻子也，蓋有道焉。」

隨後孔子接著又說：「妻也者，親之主也，子也者，親之後也，敢不敬與？」孔子看待婦女的地位其實是如此之高，夫妻之妻是親之主，即妻與我是平等的，而我的宗親之中，妻是主體。子即是我和妻共同有了孩子，我和妻還是平等的。接著說：「是故，君子無不敬。」真正君子之敬，即是從身邊的人而來。所以我們之前講過，五倫之中以夫婦為大，而後是父子，然後是父母、兄弟，再然後是君臣、朋友，如此由內而外。

所謂內外是以何為基準、根本？即以血緣、宗親為根本，這即是本章的主旨，以血緣、宗親為根本建立一整套等級制度，以及序化的秩序，然後方可談及社會結構。我們的社會結構就是這樣建立起來的，同時我還要講解清楚如此建立的好處，以及為何中華幾千年都在沿襲這套體制結構。

孔子繼續說，「敬也者，敬身為大。」即敬是以敬自

己為第一。敬從何開始？在家中要先敬妻子，而敬妻、敬子又有何前提呢？即是敬身。敬身為大，意思就是敬妻子、敬父母、敬兄弟、敬君主、敬朋友，這些都是以什麼為基礎和前提呢？是以敬自己為前提的，敬自己是第一。所以孔子在《孝經》中講，「身體髮膚，受之父母，不敢毀傷」，就是講要愛己。所講的都是相通的，皆是從此而來。真正的孝是從愛己開始，愛己即是敬身。

接著說，「身也者，親之支也，敢不敬與？」我和我的身體是從哪兒來的？都是從父母而來，是父母的支屬，怎敢不敬？不敬身就是不敬父母，敬父母首先要敬自身。

「不敬其身，是傷其親；傷其親，是傷其本也；傷其本，則支從之而亡。」如果對自己的身體都不愛護、都不珍惜，不僅傷自己，而且傷的是自己的親人，親既可泛指親人，也可以具體為父母，即傷及的是自己的父母，父母對此最為傷心；而且父母是我們的根本，把父母傷了就傷及了根本，也就是把祖先傷了；而我們的子子孫孫，謂之支從、支屬，就會因傷及祖先根本而殘缺、斷亡，所以不可不敬，

不可以傷。

因何要孝？由孝引申出敬，由敬引申出禮，有禮進而有規範，社會體制就一點一點的建立起來了。因此，敬是禮的前提，心中有敬，外行才能有禮，無敬則無禮，心中不敬，外行之禮就做不出來，或者做出來也不符合規範，或怠慢或過分。所以帝王在問孔子，管理國家的根本是禮，何為禮，又該如何做呢？孔子為帝王講解，就是要從敬開始，敬是禮的前提，是國家治理的根本。

「三者，百姓之象也。身以及身，子以及子，妃以及妃，君以修此三者，則大化愾乎天下矣，昔太王之道也。如此，國家順矣。」所以此三者符合百姓之象，即自身、兒女、妻子這三者，百姓也像國君一樣都有，治理天下就要從這三者開始修，就能夠符合人心、人性、人情了。作為國君，先從這三者開始修，把這三者管理好，然後推己及人，推自身及家、及國、及天下。由自身想到百姓之身，由自己的兒子想到百姓的兒子，由自己的妻子想到百姓的妻子，國君能做到這三方面的敬，教化就可通行天下，這

就是先前的太王實行的治國方法，能夠做到這些，國家就
順暢了。

第七章

立身行道 揚名於後世 以顯父母

孝之終也

孝之終立大願 獨立修身
行走正道 為後世楷模

再回到《孝經》來說，我們之所以一再強調孝，因為儒學把孝當作治理國家、治理企業、治理家庭的根本所在。道統之下為綱常，孝是建立在道統基礎上的，又是綱常的基礎、綱常的根本。

國有國之綱常，企業有企業之綱常，家有家之綱常，從一個民族的文化文明體系上講，道統必歸一，一定是一致的、無二的，同時綱常也必歸一，無論治理國家還是治理企業或家庭，用的都是一套方法，都是一回事。因此，道統、綱常不變，才形成了共同的倫理，才有了道德的標準，我們社會的法規、法治就是由此建立的。這一套完整的體系建立以後，是非常穩定的，能夠讓我們的國家、朝代，讓一個企業，讓我們的家庭，長治久安、繁衍生息。

反之，如果不建立這套體系，那麼即使法律、法令制定得再嚴厲、再詳細也沒有用，最後一定還是亂，因為從

根上就亂了。所以一定要清楚真正儒學所學的是什麼，何謂經邦濟世之道。真正治國、齊家、修身之道，就是經邦濟世之道，這不僅與國家有關係，與我們的家庭、企業，甚至與我們自身，都有著直接的關係。

我們真的要學好這套體系，之後就能夠治身有綱要、治家有綱要、管理企業有綱要，治理國家更有綱要。我們就睜開了眼睛，不是迷人了，不會在迷途之中不知方向了。這就是學習儒學體系的真正意義，從敬身，到敬妻、敬子，到敬君，再敬天下。因此前面所講的，「身體髮膚，受之父母，不敢毀傷，孝之始也」，意即是孝從敬身開始。

隨後《孝經》接著講道：「立身行道，揚名於後世，以顯父母，孝之終也。」講到此處，首先要問大家一下，最大的孝是什麼？

有同學立刻回答：「老師，為國家、為民族，這應該是最大的孝呀，孔夫子怎麼沒有講呢？我們應該大公無私，為國家、為民族，怎麼能為自己出名，又為父母榮耀呢？孩子好了，父母跟著榮耀，這是最大的孝，是孝之終，怎

麼能如此狹隘呢？」

　　說這些話的同學，其實根本就沒讀懂這句話的意思。孔聖人為何這麼講？這句話我們要好好探討，必須一字一字的分析。剛講了敬身、敬妻、敬子，然後馬上講立身行道，何謂立身？立指獨立，身我們指身心，立身即修身，也就是修我們的身心；行道，道即我們講的天之道，在此亦稱為道統。立身行道，即我長大了，要獨立於父母，以後要做我自己了，怎麼做自己呢？我行不離道統、不離正道、不離天道，從而真正的做好自己，此謂立身行道，是孝，而且是大孝。

　　揚名於後世，所揚何名？當然是好的名聲，何謂好的名聲？即我們常言所謂名流千古，而不是所謂的遺臭萬年，流傳的不是惡名、臭名，而是正名、善名、得道之名、立身行道之名，我們要揚此名於後世，從而以顯父母，孝之終也，即為大孝。

　　有人說：「老師，您這麼一說，孔聖人是不是太狹隘了？最大的孝是我要出名，而不是孝順父母？或者不應

該是為國家、為民族做出大的貢獻，然後我才揚名於後世嗎？」

首先要理解立身行道，這四個字非常重要，因為所謂揚名於世，是我們自始至終要做的事情，否則如果沒有這個目標你還有何願。說到願，大家可以馬上說一說自己最大的願望是什麼？很多人的願望都是發財，有人是救苦救難，還有人是為國家、為民族做貢獻，而最大的貢獻就是為人民服務，讓無產階級都能夠翻身做主人，這是不是我們從小到大所發之願？

尤其記憶深刻的是中國周恩來總理，小時候老師問他：「你的願望是什麼？」周總理脫口而出回答：「為中華之崛起而讀書。」

聽到這些，每每大家都是熱淚盈眶，是的，周恩來總理的確揚名於後世了，而我們如何揚名於後世，這一生我們到底為什麼要學習、奮鬥、拼搏？孝之始是從哪兒開始，孝之終即我最後的大願是什麼，我這一生要如何做一定得清楚。

父母在此處不僅是指父親、母親，而是代表我的祖先，代表我的家族、血脈、宗親。那麼這句話真正的意思就是，我獨立修身，行走於正道，將揚名於天下，流芳於後世，從而光宗耀祖，為後世之楷模，我以此為願。

　　光宗耀祖，即光耀我家族的門庭和祖先。使我的祖輩、長輩、我的父母，說到我都感覺自豪。對人可以說，這是我的兒子，這是我的孫子，這是我的曾孫，感覺特別自豪。人們聽到後都讚嘆，「原來這是你的後代啊，了不起，你教育得太好了！」這就是所謂光宗耀祖。

　　為後世之楷模，即我家族後輩之人，諸如我的兒子、孫子等等後輩，甚至幾十代以後說到是我的後代，是我的曾孫、玄孫，人們都會肅然起敬，「原來你是這位大德的子孫啊，你的祖先太強了、太好了、太偉大了！」

　　立身行道，為後世甚至天下之楷模，這是真正的大願，是我們每個人都應該發的大願。這是聖人親口告訴我們的。那麼，我想為眾生救苦救難，想為人民服務，是不是大願呢？對此一定要清楚的是，那是特定歷史階段下，針對某

一特定人群所發之願，而不是普世的價值，不能作為所有眾生及每一位普通百姓人人可做之事。不可能每個人都去救苦救難，也不會每個人都有機會為所有人民服務，能這樣做當然是對的，我們絕不是說這樣不對，要清楚的是，聖人的教化有其普常性，是普世的標準，首先是根據道統而來的。

道統即是人心之規律、宇宙之規律，要符合這個規律，按照這個規律立綱常，定倫理，設禮規，如此一步一步來的。不是一味強調口號，也不是有很強的目的性，而是讓每一個眾生都能有此志向，給大家一個統一的志向、統一的標準，然後以此建立社會結構，並能夠在這套社會結構的基礎上建立一整套管理體系，進而管理國家，從而使國家的管理有序、有章法。

所以聖人的智慧是謂圓滿大智慧，聖人考慮問題不會非常的偏執、偏頗，尤其不會激進，才能讓世人放心。我們學習儒學體系，學習國學大智慧，學習中華的文明文化，就是為了使我們每個人都能夠做到、能夠實現所願。我們

每一個人首先普遍的為了我立身行道，揚名於後世，以顯父母，為了我可以光宗耀祖、光耀門庭，成為我子孫後輩的楷模。首先即是為此願，其他的先不要想那麼多。

有人考慮以發財為願行不行？現在我們已經都是向著錢去了，幾十年的社會導向已經使得社會沒有不以錢為主的人了。甚至已經覺得不管用何方法，成為先富起來的人就是光榮，百萬富翁、千萬富翁、億萬富翁最光榮。而德行、品德、作風都無所謂了，有錢就行。最後社會變成了有錢一切通行，錢能解決一切，為了錢都不擇手段，沒有了親情、友情，只希望掌握更大的資源，可以使其親人更有錢，正所謂笑貧不笑娼。如此的社會價值觀、社會結構現狀是怎麼來的，這就是所謂禮崩樂壞。

這也就是為何現在中國人有錢了，到全世界花錢買奢侈品，而人家接受你的錢，卻不尊重你的人，認為中國人既不知禮又不通情，不顧及別人的感受，甚至一片謾罵聲。其實，中國人自己也知其原因。然而，自己卻不知道如何守禮，也不知有何禮可守。

國家統治民眾，不能將大家都導向物質利益、導向金錢，如此整個社會都會腐敗，整個社會的人也都會變，沒有了人情，沒有了禮儀規範，全都不擇手段的賺錢，有錢的繼續不惜一切代價保住錢。進而使得社會精英，賺到錢發了財的人，都把錢轉移到國外，同時人也出去了，或者至少妻兒在外，自己繼續賺錢，隨時可走。這都是以利益、物質為導向的結果。無人留戀祖國，一心為了賺錢，無錢可賺談何家國，然而有錢以後，依然家破人亡，依然沒有幸福，無家無國。

這就是導向，就是教化。國家管理首先有其教化眾生的職責，要把眾生導向正確方向，這是必須承擔的義務。如此國家方得真正的長治久安，百姓之心也是安的，進而才有可能真正的繁榮富強，真正的鼎盛強大。國之富強前提就是以順天下、天下歸心。天下的百姓、眾生之心有歸屬感，安定、團結、凝聚，才有力量。精英都跑了，人才都凝聚不了，何談百姓眾生之安定團結，何談國之復興。

我們並不針對現在的時政，而是在講聖人如何治理天

下，古人教授我們的治理天下的方法。治理國家應當如何引導民眾，怎麼能使天下歸心，民用和睦，上下無怨。國家民族要有國家民族文化，企業也要有企業文化，這是從上到下都會學習和秉持的。

企業只是奔向利益最大化，利潤第一，國家同樣不論方式手段，一味的支持和宣傳首富，全國上下羨慕和學習首富，如俗話所說造原子彈的不如賣茶葉蛋的，先成萬元戶的，就帶上大紅花，成為學習的榜樣，這種現狀情何以堪。真正值得眾人敬佩尊重的，應該揚名於世的，卻都認為沒有用；不擇手段、毫無人性的反而萬眾推崇，就因為都以錢為金標準，國家如此現狀，豈不悲哀。

如何教化民眾，孔聖人其實非常明確且直接的告訴我們，不要讓民眾把利益、物質、金錢放在首位，整個國家社會也不要鼓勵這些。所以我們中華自古以來重耕讀而輕商，真正意義的商並不創造財富，只是進行流通，而耕讀之耕指的是耕田、織布，即所謂的手工業，是真正的創造。我們要吃飯穿衣，古人就抓住了這個根本，自古重耕讀，

男人安心的耕種、收糧保障吃飽，女人安心的織布、製衣保障穿暖，此即謂男耕女織。還有一部分有智慧的人讀書，即是學習經邦濟世之道，自我昇華而後出去當官，即謂學而優則仕，然後成為社會的精英層，管理眾生。

中華自古以來，從伏羲到黃帝、堯舜禹，從夏商周一直到明清，都秉承著這樣的傳統。農民，我們現在認為是社會最低層的人群，甚至很多人都瞧不起，但是中華古代的成千上萬年來，各朝各代最敬重的就是農民。現在我們感覺家庭婦女好像根本不能創造任何價值，只能被男人養著，但是中華古代不是這麼看，男耕女織都是最高尚、最偉大的職業，沒有人瞧不起。反而，商人古時最讓人瞧不起，家中出現商人，不管他能賺多少錢，都不好意思宣揚，耕讀之人、手工業者在古時有機會都可以作官，而商人不允許、根本沒資格當官。因此中華自古以來都是重農耕而輕商。

現在社會則是，辛辛苦苦創造價值的人、辛辛苦苦種地的農民、辛辛苦苦製衣的家庭婦女，現在都是社會最低

層次的，反而讓人最瞧不起，也最沒有話語權；而商人卻成為了最高層次的人，娛樂明星粉絲無數，全民仰慕。然而，就真正良好的社會結構來講，不應該如此導向。並不是小看商人和娛樂明星，自古以來中華古人的家中出現娛樂明星，無人敢於炫耀，兒子經商賺了很多錢，反而覺得毫無顏面。現在娛樂明星也受萬民仰慕，孩子都想當明星，為什麼？就因為賺錢又出名。

國家怎能如此導向？靠商人明星實現國家復興，怎麼可能。而現在的大商人，富比士（Forbes，中國稱福布斯）排行榜前一百位的商人，各省市的首富，都是人們特別敬仰的、全都知道的，報紙雜誌也天天宣傳；唱歌跳舞的娛樂明星，也全都知道，因為輿論導向天天指向他們。然而，做科研技術的，我們又知道幾位專家、幾位科學家？真正務實工作的人我們根本不知道，因為他們跟我們的切身利益還掛不上鉤。沒錢也沒名，現在誰還想當科學家，而我們小時候一說長大的理想就是做科學家，長大後卻都忘了。如此，一個國家民族想復興，真的只能是復興夢。

我不是不愛國，更希望中華早日復興，但的確恨鐵不成鋼。最希望復興的就是我們這一代華人，但是這種狀態如何復興，真實的科技水準達到什麼程度，全民皆商，投資貿易無非是換種形式的投機倒把，不創造價值，只是低買高賣。怎能毫無限制的支持所謂的電商，甚至國外的電商都不好做，否則早已電商林立，國外其實也在壓制、限制，甚至不允許發展。要保護實體經濟，給老百姓留一碗飯，但絕不能將普通百姓都引導成賺錢不擇手段、笑貧不笑娼，造成社會風氣不管作風、人品、道德，不顧一切的賺錢。如此國家如何發展，何談進步？企業怎能長治久安，何談百年興盛。

　　我們自己應該立何志願？一個家庭，應該如何教導孩子，立何志向？選何工作，做何事業？現在幾人心中有數？事實上，幾乎百分之百的中國人心裏都沒數，迷茫中只能什麼行業賺錢多就去做什麼，所謂簡單的做選擇，能這麼簡單嗎？錢能傳承嗎？錢從某種意義上，甚至可以說是萬惡之源。

我們並不排斥財富，孔子為何將揚名於後世稱為孝之終也，為何如此看重，謂之大孝？為何不以富和貴為大孝？我僅是一介百姓，並無資格評判，只是聊敘現狀而已。我們現在是講解聖人的經典、學問，聖人治學就是經邦濟世，告訴我們如何引領眾生、如何更好的管理國家，將國家帶向繁榮富強，這就是我們現在所學的。現實中，真的能夠用到管理之上，行的就是聖人之道。

　　在此為大家講清講透，聖人為何把揚名於後世當作最大的孝，聖人教導我們如何教育孩子？要潛移默化的引導向立身行道、揚名於後世，以顯父母。從小就要告訴孩子，父母最大的期望就是他長大後，做對自己對他人好的，對國家對民族也好的，有意義之事，能夠光宗耀祖，為後世子孫作楷模。可以沒有錢，可以不作官，但是真正能夠立身行道，做好自己，行為符合道統、綱常、倫理道德，在這方面能成為眾生的表率，如此留名青史，揚名於後世。要向這個方向引導孩子。

　　而我們自己，應該立何大願，走向何方呢？其實一樣，

立身行道。我自己所做的事，同樣符合道德規範，符合道統、綱常、倫理，在這方面成為表率，進而對家、對國、對民族有益，如此能夠光宗耀祖，為後世楷模。這就是我們一生要做的事，就是大孝。

男女各有本分 家族制超越自我
宗親血脈凝聚民族

　　為何光宗耀祖，為家族爭光，為子孫立榜樣，就是大孝？聖人強調於此，其中必有深意，在此要為大家好好解讀清楚。當目標立在光宗耀祖之上，其實意味著我的存在、我的所作所為，能為我的祖先增光，讓我的祖先榮耀。為何將此擺在第一位，如此強調？其實強調的是我們的宗親血脈，即我所做的一切事，不是為了我自己享受，有多少錢，作多大官，而是要為宗親血脈立榜樣，使之增光添彩，因此稱為光宗耀祖。聖人之所以說得如此重要，因為這是建立道統的基礎。

　　中華的社會結構，是從上到下由宗親、血脈、家族所構成的。孔聖人不斷強調揚名於後世以顯父母，之所以要光宗耀祖，就是每個人都要為自己的宗親、血脈，為自己的祖先以及後世子孫著想，而不僅是為自己著想。當然，

首先是自己敬身，然後要盡孝，即是要光宗耀祖，為後世子孫立楷模，要記住一是祖先、祖上，一是子孫，跟別人沒有關係，此即為重視宗親、血脈，而不是最看重財富，也不是看重高官。

宗親、祖先是我的根本，我來自於那裏，而我之後的血脈，是源自於我，我是承上啟下的，這一生的意義，這一生的願望和目標，就是光宗耀祖，揚名於後世，讓我的子孫因我而光榮，讓我的祖先、宗親為我自豪，這是第一位的，是中華子孫人人都應該努力做到的。

有人會問：「老師，您是不是有點狹隘了？那些大菩薩，救苦救難，可不是非自己家人不救啊，而是無論誰家人都救，勞苦大眾全救。」

我們在此所講是管理之道、至德要道，是普遍性的大道。不是在講廣泛的慈悲，讓大家都普發慈悲心符合人性，我們講的首先一定要符合人性，能夠自然的延續下去。不符合人性的都是歷史某個階段的產物，自然就會逐漸消失。有些願在特定階段發是可以的，但不能長久堅持。整個社

會結構是在什麼觀念上建立起來的，在這個社會剛剛建立之時，這套結構體系剛剛成型之時，後面會發生什麼基本上就已經知道了。

聖人若要建立一套政治體制和社會結構，一定是建立在符合人心、人性、人情的基礎之上。為什麼孝乃教化之源？為什麼要教化眾生？教化眾生，就是透過這套方法引導眾生有一個共同的目標，在大家都有共同目標的前提下，一整套道統體系就能落地，這一套綱常、倫理、禮規、法治就能隨之而出，社會立刻就順暢了。這就是聖人為我們建立這套體系的本質意義。

還有人說：「老師，我從來都沒想過家族、血脈、宗親。這些現在都沒有了啊，我們不是應該獨立嗎？以前中國有血脈、宗親，還有宗祠、有同姓宗族，現在哪還有了，還提這些有何用啊，不都已經過時了嗎？現在我們得向西方學，學習西方以家庭為單位。看看現在我的親戚中有人發大財了，跟我也沒啥關係，有人當大官跟我也沒啥關係，還有犯罪抓起來的跟我也沒關係，甚至我的子孫裏有不孝

的、作奸犯科的，即使被抓坐牢了，跟我這當爹的其實也沒關係啊。」

現在的社會就變成了這樣，這就是由於無端向西方學習，就學成了這樣，所以社會越來越亂。任何人自己有問題了，都是自己的事，跟親人、家人都沒關係，跟兄弟姐妹、叔叔大爺、七姑八姨都沒關係，跟子孫更沒關係，甚至老公犯法跟老婆也沒關係，孩子犯法跟父母也沒關係，都是自己的事。這就是現在社會提倡的所謂獨立理念，自己對自己負責。

但是中華古人並不是這樣，古人在國家治理上，並不是只用法令，最後階段才用法令。古時的治理沒有幾個官司，不像現在任何一點事都要上法庭打官司，由法官判決，古時也沒有那麼多法官，沒有那麼多糾紛，所有的問題基本上都在宗族內消化。甚至古代社會，根本沒有那麼多官吏，而現在這麼多的官吏，也只是同樣在管理眾生、管理百姓。

古時僅有很少的官吏，如何實現管理？就是以宗親、

血脈、家族為基礎單位，採用族長制實現管理，事實上極為行之有效，而且極大的節約了管理成本。現在所謂的維穩，也就是維持穩定，消耗的費用比軍費還高，十分可怕。古代哪有維穩費用？古人怎麼做呢？就是用家族和宗親這張網，且小網之上有大網，層層相疊，環環相扣，形成一整套體系。

家裏有家裏的規矩，家裏以男人為首，以男人為主，以女人為輔，孩子為從。家裏有任何事直接找家長，即男主人，兒子光宗耀祖、揚名於世，真正做出對國家、對人民、對家族的貢獻，獲得表彰時也不是兒子一人，而是父母、爺爺、整個一支族人都會受到表彰。兒子犯法爹也跑不了關係，而且一人違法犯錯，不是一人受罰，而是整個家族的人都跟著一起受懲罰。

有人不理解，「老師，這不公平啊！兒子犯事，不是他爹讓他犯的，跟他爹有什麼關係？跟他舅、跟他爺又有什麼關係啊？」

好好想一想真的沒有關係嗎？這個壞蛋是誰從小教育

出來的？正所謂「養不教，父之過也」，為什麼養大了他，又不好好教化他，到底有沒有過呢？首當其衝是父之過，之後母親有沒有過，舅舅有沒有過，叔叔有沒有過，姑姑有沒有過，爺爺有沒有過？有過就得受罰。所以古人還有一說現代人很不理解，即一人觸犯大逆不道之罪，誅九族。

有人說：「那都是封建社會的陋習，是不可取的，我們現在已經都廢除了。」其實，這其中就蘊含著古代先進的管理，而我們現代人已經理解不了其深層意義。國家政府用法律管理個人，中國現在有十四億人口，如果用法律管理這十四億個人，得消耗多麼大的管理成本。所以現在僅安裝攝影監視器，就要花費幾百億，用攝影監視器監控著個人及其行為，然而沒有攝影監視器的地方怎麼辦？

古人沒有那麼多攝影監視器，就是用人的眼睛來管理，我們可以評判一下哪種方式更有效。古人用宗親、血脈、家族中的親人來管理每一個親人，這種管理稱為家族式管理、宗親式管理，即所謂一榮俱榮、一損俱損。事實上，這種方法極其有效，一個孩子從小就是家族中的大人盯著

長大的，孩子的品行優劣、性格特點，大家都看得清清楚楚，甚至這個孩子長大以後是否能有大成就，到底是為家族爭光，還是為家族惹禍，其實親人早都清清楚楚。

如果覺得一個壞小子長大得給家人帶來禍端，家人知道千萬不能受他牽連，那肯定從小就叮囑其父母看好他，平時叔叔大爺、姑姑舅舅見到也隨時都會教育他，「千萬注意自己的行為，你犯錯了，真禍害社會了，受苦的可是我們這些親人啊。」從小就被叮囑教育著長大，他還會總是犯錯嗎？甚至都沒有犯錯的機會和可能性了。

如果一個孩子從小就聰明伶俐、孝順懂事、遵守綱常秩序，人人覺著他長大以後肯定有出息，所有的宗親、親人都會幫助他、資助他，鼓勵他出去上學，去成就大事業，為社會做貢獻。他在外面真正實現對社會、對人類的貢獻，全族的叔叔大爺、親人族人都會跟著受益。

所以從小感覺能光宗耀祖的孩子，大家全都幫他；那種壞小子，所有的親戚都得看著他，不讓他犯錯，這種力量比監視器可強大多了。不要只是想著獨立、自由、公平，

事事講究自我，講究絕對的平等，那是現代社會的普世價值，其實也是現在社會的禍亂之源。

　　一個國家和社會，如果天天教導民眾人人平等、男女平等，大家如何正視人與人之間的差異，如何正視男女有別？追究男女都平等，不能各司其職，不能總讓女人在家，男人出去賺錢。既然平等，各行各業都得有一半的女人，任何工作都得男女一視同仁，大家覺得可能嗎？人生而不平等，男人有男人的屬性，女人有女人的屬性，自古以來就是如此。

　　人類在猿人、野蠻人的原始時期，男女就已經有了分工，現在為何不能分工了？原始時期就是男人負責出去打獵，女人在家帶孩子、做衣服、分配食物，即男人打獵回來把食物交給女人，女人負責做好分配。現代人和原始人其實並沒有什麼區別，現代人男人出去賺錢，原始人男人出去打獵。於是男人的方向感都非常好，而現在的女人開車時明顯能感覺到方向感不好，而且總是不認路，這可不是貶低女人，這就是男女有別，因為原始時期女人就不負

責認路，不負責尋找方向，而是負責在家的工作，不動不出去，所以也不需要方向感；而男人得出去打獵，有時一出去就得走兩、三天，方向感得非常準確，才能找到回家的路，所以男人的方向感特別好。

另外一個古今一致的特點，就是男人話少，女人話多。為什麼男人話少呢？打獵的時候，得守著陷阱靜待動物，不可能幾個男人說話聊天，那動物豈不早就跑了。所以男人趴下來等待時不能說話，可能守一天都不說話，直到捕獵成功以後，背著動物往回走時，大家才會說說笑笑。打獵之時不能說話、沉默，所以男人普遍沉默，沒那麼多話，也都是從原始人時期流傳下來的。女人話多，因為在家看孩子，分配好食物，然後做衣服、縫製獸皮裙之類的，圍在一起肯定得不停的說話、聊天，所以女人都話多，也是猿人時就是這樣，到現在也沒有變。

而且女人在家除了帶孩子、做衣服，還得摘野果。家住的洞口山林中有野果，女人就四處摘野果。想像一下都會怎麼摘呢？是不是得來回蹓躂著觀察，哪棵樹上有野果，

哪個野果最大的、最好的、最靚麗的，就去哪兒摘。天天摘野果，也是女人在家的一項工作。所以現在的女人逛街，逛商場買衣服、選首飾，看看那種狀態，其實就像是在摘野果似的，而且這樣逛一天也不會累。而男人陪女人逛街，沒逛幾步就累了，為什麼？男人打獵不需要來回蹓躂，打獵時目標明確，守著、等著，突然出擊，迅速捕獵。而女人逛街時蹓躂起來一天都不停，想像一下原始人時的女人這兒挑挑、那兒選選的摘野果，與現在的女人逛街是不是一種狀態，到了商場就開始興奮，看見哪間店鋪規模大、衣服好，哪件時裝靚麗，就飛奔過去，一會兒看看首飾，一會兒看看包，一天也不累。這就是屬性，從原始人到現在一直都沒變過。

到了現代社會，非得要平等，男人打獵，女人也得去打獵，男人打頭大象，女人非得打隻老虎。本來男人的屬性是打獵，非讓他在家看孩子、做衣服、摘野果，追求所謂的平等，根本不是那麼回事。所以，應該各司其職、各守本分。

進而，家有家的負責人，就是父親。家族中有家族長，即族長，負責整體有血緣關係的宗親家族，而且是最有威望的人來做族長，一個族長下面管理著有血脈關係的幾個、幾十個家庭，甚至上百個家庭。家族長之上又有宗族、大姓的氏族，這就是一整套的宗親制，又稱為家族制。家族之間實行連坐，也就是一榮俱榮、一損俱損。一人有問題，全族都得負責，所有的宗親一起負責，如此還有誰敢有問題，如此就能夠把犯罪率降到最低，是不是這個道理。

　　這是一套非常行之有效，已經運行了幾千年、甚至上萬年的良好社會結構，而現在被徹底打破了。其實西方一直以來都在向我們學習，只是還沒學到我們的精髓。而且現在的西方，任何家庭有問題，有家族、有親戚族人可找嗎？甚至父母都不能打擾，十八歲後父母責任已盡，孩子就獨立出去了。美其名曰獨立，其實就是父母與孩子沒有關係了，十八歲以後孩子的生存都與父母沒關係。最後，所有問題全都拋向了社會，因此西方非常關注失業率，害怕失業率上漲，只要有人沒有工作，就得尋求社會救濟，社會不得不養著。我們還向西方學習？

然而，中國基本不擔心失業率。這是為什麼？一個人，甚至一家失業了，回到老家，家族會把這一家都維護起來，使其度過最困難的階段，然後當這一家重新發達起來的時候，就會回報家族。家族裏有弱者，大家一起幫，家族裏有強者，就去幫助支持弱者。大家都希望家族中出現知書達禮、出人頭地、功成名就、為社會創造價值的人，族中每個人都會覺得光榮，都會受益；反之都害怕家族裏出現敗類，古時一個家族中出一個敗類，整個家族的孩子都難以婚配，這就是所謂門風。

古人結婚不像現在的自由戀愛，而是所謂的媒妁之言，有專門的中介，俗稱媒人。兩個家庭相互很瞭解，兩家的孩子也很般配，而且兩家的家族，要往上查三代也都很不錯，然後由媒人相互介紹，成親結婚。

有人會反駁說：「老師，自由戀愛多好啊！古時候不僅要找媒人，還得聽父母之言，那不都是封建殘餘嗎？怎麼能讓父母決定我的命運呢？是我要找老公，我得找一個我自己喜歡的。按古代說的，父母給我介紹什麼人我都得

跟啊！」

　　其實，現在的我們根本沒理解明白，都覺得自己幸好沒出生在古代，現在自己找老公、老婆多好。但這就是我們真的不懂古人之意，以為自由戀愛，都是自己的選擇，自己找的老公、老婆就能白頭到老。然而，婚姻和戀情、老婆和情人是不一樣的。婚姻是兩個人要長久的過日子，不僅是情情愛愛，還有諸多的生活習慣，因為家庭背景不同產生了習慣差異，觀念就會完全不一樣，並不是兩個人互相喜歡就在一起，結婚就行了，結婚以後還要面對那麼多的現實生活。現在所謂自由戀愛，結果有多少人結婚後發現兩人其實不合適，兩個家庭也不合適，於是導致家庭分裂，進而離婚。這就是中國離婚率如此之高，已經超過50% 的原因。

　　我並不是想推翻什麼，我只是告訴大家這個理，不要以為現在所謂的自由就一定是好，所謂的一見鍾情、我喜歡、我自己的選擇，不一定是對的。而且西方心理學研究，關於婚姻的穩定性，經過大量的資料數據統計發現一個結

論，經人介紹的，尤其是父母介紹、撮合而成的夫妻，婚姻穩定性極高，比自由戀愛、一見鍾情成為夫妻的，穩定性高很多。這是西方心理學中的專門學科，情感心理學、婚姻心理學的正式研究結論。

有人還是不認同，「老師，您看萬惡的舊社會時期，一些漂亮的年輕姑娘，被硬逼著嫁給自己不喜歡的壞蛋，不都是不能自己選擇的結果嗎？」

那僅是為數不多的特例，而我們現在所講的是普遍性。普遍上，門當戶對即兩個家庭的生活環境基本差不多，家族的代代傳承的觀念、理念也基本相當，而且三代、五代之內有沒有大奸大惡之人，有沒有敗壞門風之人，有沒有遺傳病、重疾之人，全都清楚知道。在這種情況下，由瞭解兩個家族的媒人、長輩、祖輩介紹而在一起的夫妻，婚姻非常穩定。

現在自由戀愛，所謂一見鍾情、自己喜歡，對方家裏的情況一概不知，家裏面有遺傳重病、有門風敗壞、甚至大奸大惡之人都一點也不知道，只為了愛情，其他一概無

所謂、不在乎。而事實上怎麼可能不在乎？雙方結婚以後，要繁衍生子，那是你的家族後代，都帶著家族的血統，帶著遺傳，怎能毫無責任的隨意自由。

中華之古人最講究這一方面，其實很簡單就能理解是否應該講究。古時門風不好，出現十惡不赦奸臣賊子的家族，其子孫都找不到人婚配。比如，叔叔、姑姑作風不好，侄子找媳婦，就會受影響，因為都是一脈宗親。所以，如果現在家族、宗親的觀念還在延續，想離婚或者想做點壞事，想貪贓枉法，根本都不敢。因為影響的可不是一個人，一個人作奸犯科、作風不好，整個家族、宗親都會受影響，家族聲譽被毀，這個人將是千夫所指，所有的親戚，所有長輩和子孫，包括叔姑舅姨、侄男外女，都會天天罵他，誰敢做那些事。

而每一個族人都想要做，不顧自身利益為國為民拋頭顱、灑熱血的事，能夠光宗耀祖，受到國家的表彰獎勵，家族所有的長輩、子孫、侄男外女都能受益。如此為家族、為宗親、為血脈去做事，就已經超越了自我，但是並不違

背人心、人性、人情。家族、宗親都與我血脈相連，都是我的一部分，我可以為宗親家族及整個家族名聲去拋頭顱、灑熱血，不受現實中的惡毒誘惑，絕不能作奸犯科，影響自己的家族、血脈。

有人疑慮，「老師，是這麼回事嗎？您說的這些在現實中有用嗎？」

我可以舉一個實例為大家說明，二戰時希特勒發動德國侵略蘇聯的戰爭，一路閃電戰，直接打到莫斯科郊外四十公里處，因為蘇聯紅軍在德國軍隊剛開始打進蘇聯的時候，根本沒有反抗之力，四百多萬人編制的軍隊直接投降、叛逃，德軍馬上就要攻占莫斯科。史達林緊急頒布了 270 號命令，總體思想是所有在戰場前線的蘇聯紅軍，無論逃跑、投降、被俘，都被視為叛逃，並對其家人採取前後兩項措施，第一剝奪國家救濟，不再發放供給糧，第二即是後來直接槍斃處決。

史達林這道命令是不是感覺很殘忍？為何要禍及家人啊！但是，這一招卻最有效、最實用。那時的蘇聯是計劃

經濟，不發放供給糧，肯定就會餓死，所以如果紅軍戰士在戰場上逃跑、投降，甚至被俘虜了，他的父母、爺爺奶奶、叔叔大爺，所有親人家人，或者會餓死，或者被槍斃。這樣一道死命令頒布確定下來，立刻改變了前線的戰況，蘇聯紅軍自此開始極其英勇，拼命戰鬥，莫斯科保衛戰、列寧格勒保衛戰連續勝利，反撲擊垮了德軍。由此可見，到了現代，甚至在西方國家，家人的影響依然非常有用。

中華的古人、聖人真的非常聰明智慧，我們現在真的要認真學習。如果現在中國人能夠把宗親制、族長制真正重新恢復起來，以家族、血脈、宗親為基本社會單位，而不只是以單個小家庭為單位，我們將會看到中國人的凝聚力、團結度如何迅速提升，中國人的犯罪率會不會極低。那時就將知道，怎麼會有那麼多貪污的官，哪有那麼多作奸犯科的人，哪有那麼多作風不好的人，更不會有那麼多離婚的夫妻了。這是真正的道理，我們的確不應一味的認為現在的就是好，古代的就是不好，而是要好好分析，認識清楚。

有的同學理解了，很著急，「老師，那現在我們應該怎麼辦呢？」

我們現在學習了這套智慧體系，理解這套體系確實很好，我們就應該推廣，國家層面我們無法企及，但一介百姓只要真正理解了《孝經》的含義、聖人的教化之道，就可以在家庭裏推廣孝道文化，在自己的企業裏推廣孝道文化，有條件的開始在家族中推廣，把自己的家族重新凝聚起來。

現今，我們的家族已經完全散掉了，宗親已經無法聚集。這種狀態並不對，應該把祖先這套體系真正恢復起來，最好能夠從政府層面推廣孝道文化，把宗親制、家族制重新建立起來，使得家族之中一榮俱榮、一損俱損。如此一點一點的積累，中華民族用不了幾年就會重新凝聚起來，國家是治理政體而非民族的凝聚點，民族會以宗親、血脈為凝聚點迅速凝聚，這才是中華老祖宗真正偉大的地方。

儒學孝道管理之最高境界
文化軟實力民族復興根本

　　這套體系是從何時開始實行的呢？其實所謂先王就已開始實行了，先王即是黃帝、堯、舜、禹，夏商周時期也同樣實施這套體系，現在我們華夏子孫不能丟棄這已經實行上萬年的至德要道，正是因此中華的主要朝代才能穩定幾百年。周朝八百年基業，即是得益於這套孝道文化、等級制度、禮儀規範的定立。而且周朝體系是建立最完善、執行最好的，因此也是有歷史記載以來，朝代時間最長的，後來的朝代執行得都沒有周這麼到位，所以穩定時間漸短。也正是為此，孔子才一再強調復周之禮。

　　後世之中，凡是不按這套道統、綱常、倫理、禮規、法治體系進行治理的，一定都是短命王朝，這樣建立的基業可稱為霸業，不能稱為帝業。比如秦始皇統一六國建立大秦，就是霸業，一直在走法家路線，並沒有沿用道統體

系，把周以來的制度體系都改了，所以秦僅統治了十五年。再如成吉思汗建立蒙古帝國，也沒有沿用這套體系，因此元王朝也僅僅維持了不足百年的統治，那麼強大的元帝國，就徹底被顛覆，驅逐出了中華。

而歷史上所有改朝換代的開國皇帝，只要是建立了長久基業的朝代，一定都是按照這套體系進行治理的。諸如漢高祖劉邦、唐太宗李世民、宋太祖趙匡胤、明太祖朱元璋，包括清聖祖康熙，都是按照這套道統體系開始國家治理的，因而能夠長治久安，延續幾百年、幾十代。

企業也是一樣，創業時用建立霸業的方法，守業時就用發展帝業的帝王術，就要把這套道統體系、周禮體制沿用好，如此企業也一定會長治久安。

透過前面的講解，各位讀者對孝、《孝經》、孝道文化有了一些基本的概念，但應該還比較模糊，因為孝的內涵和意義是非常深遠的。我們透過《孝經》的講解也逐漸清楚儒學不僅是教化之道，而且是我中華文明的主流、主脈，其他學派都是分支，或者稱為旁支。儒學之中又以孝

道文化為正宗的傳承。

孔子強調孝道文化，由孝推演出敬，由敬推演出禮，禮即是禮規，就是社會的禮儀規範。其實孝的本質內涵，就是整個社會政治秩序建立的根本，政治秩序則包括政治體制、社會結構。亦即是說，一個孝字告訴我們，社會要想長治久安、繁榮昌盛、延續不斷、繁衍生息，必須要根據人心、人性、人情，根據天道之運行規律，建立一套完整的政治秩序。

這一整套政治秩序有大學問、有大智慧，絕不是孔子或者儒家某位大德發明創造出來的，而是上古高度發達的文明社會時期，上古神人為我們流傳下來的。所以，中華文明這一整套最高境界的管理，亦即是這一套政治秩序的建立，承載著中華文明的全部。

中華文明的一切都是由建立這一套秩序而來，這套秩序落地在現實中即稱為綱常，屬於地之規。而綱常的緣起是從道統而來，道統是天之道，綱常是地之規，然後人根據天道與地規，形成了人倫道德，此即為天地人三才聚合，

如此形成了包含政治體制、社會結構的完整立體文明的承載。

孔子最大的功績在於，這些雖然都不是孔子所創造，但都是孔子不斷挖掘、整理，從而把周初時周公制禮形成的這套政治秩序，為我們重新落地，然後將人倫之道建立起來的。所以，儒學這套智慧，其實真正是一套完整的社會結構和政治秩序，對我們後世影響深遠。

現在說到儒學，在不瞭解的時候，我們可能覺著就是知乎者也一套所謂的經典，當中告訴我們要積功累德、行善積德，亦即是告訴大家要做君子，君子即是仁義道德禮智信的好人，這樣才有助於社會的發展，更重要的是聽統治階級的話，要當順民。其實這種感覺完全錯了，真正的儒學教我們的可不僅僅是這些，所以我們首先要清楚為什麼要學習儒學。其實《孝經》給我們講得非常清楚，什麼樣的人，有什麼樣的目標，才能夠學習儒學。

有道法、佛法、儒學，我們可以在儒釋道中選一家學習。很多人認為佛法是最圓滿的，覺得學好佛法以後，管

理家庭、管理企業，甚至管理國家，都手到擒來。因為佛法是最圓滿的，而且是出世間法，最圓滿的修行都能成佛，那麼管理國家、管理企業豈不很簡單。很多的中國人，尤其是現代中國人，對佛法更感興趣，覺得在佛法中能找到對治一切的方法。其實不然，還是要清楚自己到底想做什麼，然後再選擇是深研佛法還是道法，或者深研儒學。

要想家庭幸福，企業規模做大，建立商業帝國，還能長治久安、興盛發達、繁衍生息，就不可以把佛學用在家庭或者企業裏，亦不能用在國家治理上。不是佛法有何問題，而是方向不一樣。佛法引領的路，本就不是引向家庭更幸福、企業更興盛、國家更富強的方向，佛法強調出世間法，修的是出世間的圓滿，甚至告訴個人如果想成佛、圓滿，還得脫離家庭，不是在世間富貴、繁衍、子孫滿堂，享受天倫之樂，佛法反而讓人戒掉這些，不能太執著於這些。執著於這些世間的樂，是謂世間的五欲六塵，世間的富貴、幸福、享樂、繁衍生息，根本不是佛法所修。佛法是引領個人走向成佛、走向圓滿方向的。

想求世間的家庭幸福，治理好企業，打造商業王國，治理我的國家，帶領我的子民、眾生走向世界頂峰，文治武功屹立於世界之巔，像大漢、大唐時一樣，如果發的這種弘願，則一定要學習儒學體系。不能將佛法和道法用於現實中的圓滿，或者興盛發達之上，完全是兩回事，否則就是背道而馳，就會分裂，最後就會徹底的撕裂。現在很多人不清楚這一點，分不清儒學引我們走向什麼路，去往什麼方向，佛法去往什麼方向，道法去往什麼方向，悶頭就去學習，或者東一下西一下，一會兒學儒，一會兒學佛，一會兒學道，所以都感覺很分裂。

　　實際上，現在真正學儒的人並不多，因為幾乎無人真正懂得；學道的人也很少，因為道教已經非常衰微。近幾十年，中土眾生對佛法的認識相對有些起色，所以很多人都走向了佛法。然而我們現在天天又在宣傳，要全民進入小康社會，安居樂業，富國強兵，復興中華，文治武功重新屹立於世界之巔。然而，雖然強調中華復興夢，但從上到下卻不知應該怎麼做，只知道跟著西方發展武器、發展經濟，有更多的金錢財富，有更先進的武器，那就成為世

界上最強大的國家了。

其實不然，僅僅依靠武器強大，就想做到真正領先於世界，復我大漢之精神，恢復漢唐時的榮光，是不可能的。

有人說：「老師，怎麼會不可能呢？漢唐的時候中華的武功多麼強盛，那我們現在如果武器最先進、最強大，應該就能夠恢復漢唐時的榮光。」

為什麼說不可能？即是因為有前車之鑒。當年蘇聯和美國的冷戰，二戰之後蘇聯的武力雄霸世界，只有美國能與之抗衡，而且只是勢均力敵。然而，現在蘇聯已經解體，俄羅斯雖有強大的武力，還是避免不了沒落下來，所以僅有武器，僅有硬體，是不可以的。然而，僅有武力不行，那缺少的是什麼？到底是哪方面弱呢？

美國現在稱霸全球，靠得不僅僅是武器，更重要的是依靠其文化和信仰，即軟體的人文、人倫體系。所有人共同認同、認可的價值觀，普世的觀念，必須得有。而這些從何而來？要從文明、文化上，使人心悅誠服。多麼先進強大的武器，都僅是用於攻堅，而文化其實即是所謂攻心，

任何戰爭最終都是以攻心為上，而不是以武力打服、打怕對手。

武器只是用於威脅，而不能真用，尤其是那些真正力量恐怖的核武器，只要使用就是兩敗俱傷，同歸於盡。因此，核武器一經使用之後，世界反而和平了，大國之間也不敢開戰了，就是因為各國勢均力敵，在武器硬體方面基本上平衡了，所以誰也不敢妄動，否則便是同歸於盡。

真正所謂的歸順，不是靠武力使其歸順。像美國多麼強大的國家，武力世界第一，朝鮮戰爭、越南戰爭、伊拉克戰爭、阿富汗戰爭都沒有打贏，即使是小國家也難以征服，最後都得撤軍，能達到歸順的目的嗎？

因此，現在地球人類的發展已經不可用武器強攻硬打了，更不用說其實早在古代時期就已經不可取了，一定都是攻心為上，最後使對方心悅誠服，嚮往我的文化、信仰，雖然對方有強大的武力但是不用，真正主動歸順於我。蘇聯和美國其實就是這樣，美蘇冷戰最後美國如何取勝的？根本不是靠武器，而是不斷的給蘇聯年輕人灌輸美國的價

值觀、普世價值和理念，一點一點使得蘇聯年輕人心中嚮往美國，嚮往美國的生活方式，自由、平等、博愛的信仰，民族、公正、和平的理念，最終從上到下嚮往美國的一切。年輕人就這樣，影響著正在統治的政治群體，從上到下的改變了。

其實，這就是我們所說的糖衣炮彈，軟實力、軟體的文化、信仰攻破了內心。不管有多少坦克、飛機，甚至核武器，根本無法使用，因為武器都得人來使用。

現在的中國，提出要實現復興夢，中華民族要復興，要恢復大漢、大唐之榮光，我們應該走哪條路呢？當然，軍備不能弱，弱了就會被動挨打，這是社會的叢林法則。但是，當我們有了一定的武力軍備，可以保證不被動挨打，我們也不主動攻打別人，此時如何繼續恢復中華之榮光呢？那就是我們正在講述的，《孝經》中的天下歸心，以順天下，一定要在這方面做得比現在的美國、曾經的英國還要好。

這一點一定是從信仰、文化、普世價值入手，針對人

的歸屬感、人類對圓滿和真正善的嚮往，提供一套完整可接受的、具有普世性的、可延續可傳承的體系。這套體系包括信仰體系、文化體系、社會體制、社會結構、政治體制、政治秩序、普世道德，都完整的建立起來。這套體系是整個人類都認可、認同的，這樣大家就會潛移默化，跟隨著引領者往前走了。

現在世界上有誰在做這樣的事情？就是美國在做，此即謂之軟實力。潛移默化的進行文化入侵、精神入侵、信仰入侵，而且已經深入中國國民的心中。所以，現在中國看似強大，已經是很強大的經濟體，武力軍備也已經很先進，沒有人敢進攻我們，但是那僅僅是看似。看似經濟強大，中國 GDP 已經達到第二，改革開放四十多年，中國發生了翻天覆地的變化，中國人有錢了，我們富了。

然而還有哪些方面變化了，仔細想一想我們的科技超前了嗎？與四十年前的世界地位有區別嗎？晶片、發動機這些最基本、最核心的部件都做不出來，在高科技領域有變化嗎？再想一想綜合實力，我們從人文、人倫的角度有

變化嗎？中國人從人的本質認識、整體素養，對世界宇宙的看法，對宇宙真理、發展規律的解讀方面，有提升嗎？在信仰、文化、普世價值與道德方面，能夠領先於世界嗎？中國人有錢了，但有錢以後中國人都在做什麼呢？所以當下的中國反而岌岌可危，的確改革開放四十年經濟大發展，人人都奔小康，過上了好日子，但是其他方面其實都沒有多少提升。

這四十年的經濟發展，從本質上其實我們都可以想一想，某個角度來看就是西方歐美發達國家主動提供給我們的機會，讓我們賺錢、發展經濟。然而真正的核心科技我們並沒有發展，而真正高附加價值的暴利，我們也獲得不了，都是歐美掌握著，超前的科技我們即使有一兩項，也都是碎片式的，不成系統。我們的科技相較於日本、德國，甚至比印度都不如，高附加價值的科技產業我們沒有，高科技領域我們沒有話語權。更關鍵的，我們在文化、信仰方面，所謂軟實力的輸出也沒有，甚至還都在被人入侵。經濟發展所賺之錢基本都是依靠低端加工業，即所謂全民山寨，或者稱為世界工廠，都屬於可模仿替代的低端產業，

賺的都是血汗錢。

　　某種程度上，其實可以說是發達國家主動提供給我們的。為什麼主動給我們呢？是不是故意讓中國人有錢呢？為什麼？當中國人開始有錢了，老百姓的目光全都盯向了錢，然後歐美就把他們的文化、信仰，透過娛樂潛移默化的輸入中華大地，從骨子裏腐蝕中華的年輕人。其實就是把對付蘇聯的那一套，重新用來腐蝕中國，讓中國人對西方的生活方式，對西方的政治體制、民主法治，對西方的普世價值產生嚮往，然後中國的精英就帶著巨大的財富流向了西方。

　　而留下來沒有出國奔向西方的人，現在已經開始稱西方為自由世界。其實所謂的自由世界都是人為宣傳的，而且不斷的用娛樂來腐化大眾，即是著名的奶頭戰略，讓國民整體陷入舒服、安逸之中。所謂奶頭就是，孩子餓了就有奶吃，就有人餵奶，這樣的嬰兒就永遠也長不大，所以出現了奶頭經濟、奶頭政策，其實就是如同對付蘇聯一樣，而且曾經實現成功的瓦解。

我們的現狀即是，西方開始精神入侵後，從宗教、信仰、文化、文明、社會結構開始，還包括政治體制、政治秩序，及其自由、平等、博愛、民主、公平等理念，我們全部認同，希望中國也完全是這樣，所以要向西方學習，中國的精英全都去往西方，美其名曰去學習，但多數都一去不返。

在此為何講到這些現狀，即是為了講明中華要復興，到底應該復興什麼，應該如何復興。現在佛道儒是中華文明文化體系的三大主流，中華民族若要復興，應該選擇哪一方面學習和弘揚，我們一定得清楚方向。因此，對佛學、道學、儒學三大主流體系，我們必須得有深切的認識和瞭解，真正理解其內涵，然後大力發展中華的軟實力，這才是民族復興的根本。不僅僅依靠硬實力，現在中國硬體發展得差不多了，不遜色於西方世界，各地都是高樓林立，甚至歐洲、美國的主要城市都不如中國的北上廣深（北京、上海、廣州、深圳），硬體建設中國並沒有差距。我們差在軟體、軟實力上，真正我們自己的文化、信仰和普世價值。西方的文化信仰到底適合中國嗎？我們到底要不要學

習西方的民主？

有人問：「老師，這些不都是現實的事嗎？我們在學習國學大智慧，儒學、佛法跟現實又有何關係呢？」

其實，一直以來我們所講的全是現實，為什麼學儒學，為什麼學《孝經》？為什麼學佛法，為什麼學道法呢？脫離了現實，我們學習這些有什麼意義呢？我們絕不是為了逃避世俗才學習和修行，不能學習之後卻隱居於山林中，那樣國家如何興盛發達，何談治理，又有何人去做貢獻？所以，我們一定要知道現在應該學習什麼，清楚百姓應該學什麼，統治階級應該學什麼，這才是我們真正講解、探討的。

第八章

不為帝王即為帝師
不為良相即為良醫

第一節

學儒需有願 現實跨越階層
身心昇華圓滿

　　學習儒學這套體系，要長期不斷的熏習，而且一定得有願。其實我並不僅僅講儒學，佛法、道法我也都會講，而現階段從儒學開始講，就是因為儒學在中華上下五千年歷史中，對中華的繁衍生息，對中華文明的智慧體系至關重要，是最重要的。

　　有人會說：「老師，您講這些民族文明對我們有什麼實際作用呢？我只想把我的企業做好一點，讓我的家庭更幸福一點，我的生活更快樂一點。」

　　現在我就要給大家講一講，什麼樣的人要學習儒學？其實就是想在世間過得更好的人。如果是安於當下的工作和生活層次的人，根本沒有必要學習儒學，而且即使學了也沒有意義，踏踏實實把現實的家照顧好，工作在其位謀其政就可以了。真正應該學習儒學的，是有大志向人。所

謂大志向，也不僅是必須為國為民，最起碼得有志向改變提升，即是不僅僅滿足於現在的狀態。

自古以來人類社會的社會結構就是分階級的，基本上都是兩個階級，一是統治階級，一是被統治階級。其實講到底，一部分就是精英階層，即古代所謂的貴族階層，是國家的統治者利益集團形成的貴族群體。而另一部分即是古代與貴族相對的奴隸階級，就是其他非貴族的勞苦大眾。

而基本上絕大多數人都是被統治階級，即便是金融高管、上市公司董事長，即使已經有億萬身家，也還是被統治階級。統治階級和被統治階級的劃分，與擁有多少錢沒有關係，一億身價以上就是統治階級，以下就是被統治階級，沒有這種所謂的財富標準，而是要看國家政策、法令制定之時跟誰商量，徵詢何人的建議，亦即是有沒有話語權，是法律法令的制定者還是被執行者。只要是被執行者，屬於必須遵守國家法律的階層，無論有多少錢，都是被統治階級。而制定國家政策、法令的階層，才可稱為統治階級。

有人說：「老師，現在已經沒有統治階層、被統治階層的概念啦。統治階級已經被新中國顛覆掉了，清朝那時有統治階級，民國時有三座大山、四大家族是統治階級，都已經推翻了，現在都沒有了啊。」

　　其實不然，有人就肯定有階層，不論古今中外。西方講民主，所謂人人當家做主，人人都有一票選舉權，表面看來沒有統治階層，都是老百姓說了算，進行民主選舉。但是實際上本質是那樣嗎？實際上，如美國這個最民主化的西方國家，真正的統治者，也不是所謂民主選舉出來總統、議員，他們只是站在台前的職業經理人，真正統治美國的是背後的幾大猶太家族，雖然從不露面，但那才是美國的統治階層。總統、國務卿僅是為統治階層理政的代理人，華爾街的大銀行家、金融巨頭則是為統治階層幾大家族理財的，參眾兩院的議員是幫統治階層安撫人心、體現民主的。最民主的美國尚且如此，那英國、日本、德國等發達國家，更是這樣。這就是本質。

　　西方有階級，中國有沒有呢？其實是人類就肯定有。

中國以及現在的俄羅斯，還有其他的一些國家，是打破了以前的所謂貴族、統治階級。然後階級重新劃分，而中國現階段，打碎了前面的舊社會，推翻了舊的統治階級，但是還有沒有統治階級呢？

自古以來，人類永遠都是精英層、貴族層引領社會的發展，整個民族中最先進、最聰明、最有智慧、最有文化的人，也就是掌握絕大部分社會資源的人群，這個階層的人可能很少，但這一批人一定最聰明、最智慧，掌握各種科技，掌握著文化、信仰，然後引領整個社會的發展。而絕大多數的所謂平民，就是被統治階級。這都是必須得有的，就是社會的本質。

講這些與我們正在學的儒學、《孝經》有何關係？這就得先有願，才能看得懂。如果沒有願，不是志同道合者，那肯定不理解有何關係和意義。現在我們提出實現全面小康，何謂小康？就是現在所講的，以中產階級為社會主體的橄欖型社會結構，即社會的組織形態，橄欖一端是尖的，掌握絕大部分資源的統治階級利益集團，很少一部分人，

另一端是極其貧困的一小部分人，中間部分最大，即中產階級人數最多，如此就達到了整體的小康社會水平。

但是階級概念便無人再提，認為已經沒有意義。所以現在的中國處於混淆狀態，而中國人之所以沒有方向，沒有目標，就是因為整個階級、階層被打亂以後，沒有建立新的、普世的、共同認可的一套體系，所以一直都是混亂的。最後只能全民都向著錢去了。如果整個國家以及統治階級都奔向錢了，那將是國家災難！統治階級、精英階層不能夠、也不應該為錢而愁，物質利益本就是他們賦予的，不需要賺錢，而廣大的被統治階級勞苦大眾，才需要天天為生活奔波賺錢。如果上下一心都為賺錢，誰來引領社會的發展，誰去維護社會的秩序？又如何建立一種穩定的社會結構、政治體質？

現在的中國並不是不好，但感覺就是亂，上下一心都在做平民奴隸該做之事。不是貶低任何人，而且請大家認清事實，我也清楚自己就是平民，就是奴隸階層、被統治階級。而國家真正要穩定發展、長治久安、富國強兵，一

定得有一套完整的政治秩序，有一套完善的社會結構，即是一整套的道統、綱常、倫理、禮規的道德標準體系。

而國家精英層，就要負責制定這套體系，並維護這一套體系的發展、延續。最後使得被統治階級能夠安心於當下，踏踏實實的工作，發揮自己的一技之長養家糊口，按部就班的安居樂業。沒有過高的妄想，並不是沒有追求，而是追求太高的時候就變成了妄想，把眼前的家顧好，工作做好，平時衣食無憂，假期遊山玩水，最大醫療和教育問題國家都能解決，沒有什麼愁事，即所謂百姓安居樂業。

上層社會的精英階層掌握最高的科技，同時掌握最高的人倫之道、人文之道。也就是貴族階層、統治階級的人不能天天為錢奔波，不能把社會資源集中到自己手中，卻天天想著賺錢，那樣社會就亂套了。對於統治階級，本來錢就根本不是問題，他們想得應該都是上層建築的建設，諸如文藝、文學、哲學、宇宙真相等方面，想的是如何讓自己的心靈更加圓滿，如何發揮內心的最大力量，讓個人的素質、德行、品格越來越高，這才是上層統治階級、精

英層要考慮的問題。

　　如此，被統治階層的平民安居樂業，沒有妄想；統治階層也沒有焦慮，不為生活奔波，專心想著上層建築的建設，就能帶領整個國家和民族穩定和發展。所謂上層建築，很重要的就是建立和維護一套道統、綱常、倫理、禮規、法治的完整體系，及其正常的運行。不去打破這套規則體系，即可形成上下無怨，民用和睦的局面，天下就能歸心，老百姓的心都能夠歸順，百姓最需要的就是安居樂業，沒有太大的煩惱，也沒有太大的壓力。

　　有人問：「老師，階層這樣固定以後，還有沒有上升空間？百姓中有聰明智慧的，不甘於、不滿足於做被統治階級怎麼辦？」

　　這就需要給這些人一條上升之路，真正穩定的社會結構，並不是一潭死水，或者就是絕對的一成不變，貴族層永遠是貴族層，奴隸層永遠是奴隸層，不是這樣的。水一定得動起來，也就是有一條百姓的上升之路，給百姓之中的佼佼者，有思想、有智慧、又守法紀的一批佼佼者，這

條上升之路，又叫做跨越階層之路。

中華古代是如何解決這個問題的？階層固定以後，如何讓百姓獲得上升之路的？是藉由古代的科舉制，即是一條非常好的跨越階層的上升之路。還有另一條路，後文我們會再著重講是一條什麼樣跨越階層之路。

回到我們正在講解《孝經》和儒學的主題，我們若要學習儒學體系，首先還是要有大願，有跟儒學相配的大願。這樣我們才能學得進去，越看越覺得法喜充滿，越能讀出滋味。

告訴大家，事實上儒學是因何而建立的？孔子為何要傳授這套儒學體系？他最初的本意，就是要給平民百姓提供一條跨越階層之路，這即是儒學真正的由來。孔子教化三千門徒，教的就是平民百姓，把上層社會的精英階層、統治階級應該學習的學問體系，教給了底層的奴隸階層、被統治階級，然後在其中選出優秀的學生跨越階層，上升至統治階層。孔子相當於歷史第一位打破階層之間劃分界限的人，這就是孔子偉大之所在，所教的六經六藝、《孝

經》、《論語》、《孔子家語》都是為了這一目的。

　　現在應該明白我們為什麼要學儒學，為什麼要學《孝經》，這些跟我們到底有什麼關係。一定要清楚自己有沒有那個願，明白自己有沒有想過跨越階層。如果只想安守本分，農民就想把地種好，開工廠就實實在在做好生產管理，無論做金融、教育、醫療、法律等，如果只想把當下眼前的工作做好，那就把心思用在本職工作上，用在當下的人際關係上，把領導、老闆維護好，沒有必要學儒學。

　　對於本書，我也是有明確指向的。我傳授的弟子，也都得有此願，弟子之願和我指引的路得相合，我才能真正傳授，同時弟子學起來才有意思。如果願不相合，學了也沒有意義。只是為了自己小家的平安，為了自己的企業發展得更好，多賺一點錢，那與我的願並不相合，就沒必要拜我為師學習。世間教企業管理的老師有很多，想發展企業應該去找那些老師。一定要清楚自己到底想學什麼，有什麼願，再來求學，我教弟子不以數量取勝，而是一定要精，必須得有與我所教方向相合之願，即跨越階層之願。

要清楚自己現在處在什麼階層，如果現在是被統治階級，在社會的底層，那學習儒學這套體系，就可以實現階層跨越，即跨越到統治階層，而且可以沿襲和傳承，這是統治階層特點之一。

我們一直高喊著打倒封建社會，不知是否真正理解封建二字的含義？封建即是指壟斷和世襲，壟斷在古時稱為封土、封地，現在稱為壟斷，因為現在不能封地了，變成了行業壟斷；而家族中的世襲，即謂之建。因此，古時真正封建的含義，就是有封土，能世襲。

有人說：「老師，我們不是已經把封建社會打倒了嗎？現在怎麼還能提呢？」

其實打倒的只是形式，而本質的人類社會結構和體制並未改變。比如都認為美國民主，其實也是形式上的變化而已，在美國連美元都不是國家發行的貨幣，而是由美聯儲發行，美聯儲並不是國家機構，而是幾大家族的私有中央銀行。簡單研究即可發現，美國的幾大家族一直在家族內不斷的世襲，而且有私人壟斷行業即所謂現代封土。再

比如英國，同樣有包括英國王室在內的十大貴族家族。然而，英國的首相、美國的總統，都是為這些大家族服務的，即所謂前臺 CEO，其實也屬於被統治階級，都是幾大家族的代表。

而中國社會也會遵循人類的本質，逐漸形成階層，而且現在的中國人都有絕佳的機會實現階層的跨越。如何實現跨越，就是我們學習儒學的意義所在。學習儒學體系，我們先不論對國家、對民族的意義，首先對個人的意義，就是能夠使個人快速跨越階層。現在的中國尚未形成貴族，但是正在形成的過程中，如果沒有努力跨越成為貴族一員的願望，我的儒學書籍就無法讀懂，同樣也無法理解我講的佛法和道法。

我們之所以學習儒學、佛法、道法，其實都是為了在現實中跨越階層，以及為了在出世間實現身心的昇華、解脫、圓滿、離苦得樂。其實就是這兩方面，一方面是身的方面，即跨越階層，成為貴族、統治階級、精英層，而且可以傳承於子子孫孫，都是精英層。另一方面，是從心的角度，要昇華、圓滿、解脫，這也是跟隨我學習必須得有的願。如果這兩方面的願都沒有，那就不要再讀我的書了，跟我學習也就沒有意義了。

《孝經》的孝即是告訴我們，統治階級如何建立政治秩序，如何建立國家體制和社會結構，以及如何穩定社會結構，建立一套完整的道統、綱常、倫理、禮規、法治體系，這都是我們進行國家和社會治理時要實際應用的。其實就是在教授底層老百姓中的佼佼者如何管理眾生，學習以前的貴族階層所學的儒學六經六藝，從而可以跨越到貴族階層，或者成為貴族階層的老師，稱為帝師。這就是孔子創這一套儒學的目的所在。

　　所以才有了這句名言「學而優則仕」，此處的仕不僅是指為皇家、統治階層服務，而且是自己要成為統治階層。孔子本人就做到了這一點，在世時官至魯國大司寇兼代理相國，即是魯國的宰相。知道孔子的經歷，就知道他如何創立的儒學體系，不能說孔子天生就是聖人，孔子的出生其實並不光彩，孔子的出身經歷也不是那麼高大上，但正因為他有這種經歷才成為聖人，才成為中華第一位最偉大的教育家。

第二節
孔子志學 廣開教化靈接先聖
創立儒學聖王之道

　　精英教化之道，孩子七歲上小學，開始學習《爾雅》、《孝經》、《論語》，孔子幾歲開始學習的呢？孔子在《論語》中說過一句話，「吾十有五而志於學，三十而立，四十而不惑，五十而知天命，六十而耳順，七十而從心所欲，不逾矩。」意即是孔子十五歲開始學習，那時小學是七歲開始，為什麼孔子十五歲才開始學習呢？這跟孔子的出身有關係。

　　孔聖人的出身是最基本的知識，但是很多讀者可能並不知道，在此給大家簡單講一講。其實還是為了講清楚儒學到底是什麼，是如何而來，為什麼說儒學是為了使百姓跨越階層而創立的，所以給大家講一個典故。

　　孔子如何出生的？極其巧合。有一句古語「天不生仲尼，萬古長如夜」，意為如果不是老天偶然間意外生出了

孔子這位聖人，那萬古到現在也還是長如黑夜，不見光明。所謂偶然意外，即並不是孔子的父母正常嫁娶生了他，孔子之父是位貴族，名紇，字叔梁。

孔子其實並不姓孔，古人那時候有姓、有氏、有名、有字。其實孔子姓子，因為孔子的家族是商的後代，而所有商族後裔全都姓子。而孔是他的氏，在春秋戰國時期，姓和氏是分開的，孔子家族姓為子，氏為孔。古人一族之人都是一個姓，所以商朝的商族姓子，周文王的周族姓姬，為了避免同族近親結婚，古時同姓的人不能結婚。

古時稱呼人，不稱呼姓，而多稱呼氏。氏基本上或者與其封地有關，或者與其君主、大貴族的字有關。比如，孔家的孔字，就是其祖先侍奉的君主之字，其中有個「孔」字，於是以孔為氏。

孔子，名丘，字仲尼，仲即是排行第二。那個時期起名字很有講究，名就是一出生時父母起的，用於長輩或者君主、上級對自己的稱呼，亦即是現在我們出生時的小名、乳名。而孔子出生時營養不良，雖然父親是貴族，但他小

時候沒有跟隨父親，在外婆家生活困苦，於是他的頭頂是凹下去的，典型的缺鈣、營養不良，頭上凹凸不平像山丘似的，就起名為小丘吧，因此長輩都稱呼孔子為丘。

字則是成人以後，舉辦了成人禮後，自己給自己起一個字，是同輩或者晚輩稱呼自己的。比如孔子的好朋友基本都稱呼他為仲尼，即同輩相互尊重，尊稱仲尼。字的選取也有講究，一個稱謂如孔仲尼，前面是氏，中間位置就是家中的排行，老大基本稱為伯或孟，嫡長子稱為伯，庶出長子稱為孟，但都是第一個兒子；老二稱為仲，所以孔子排行老二，還有個哥哥；最小的稱為季，字裏有季就是家中最小的兒子。孔子出生在尼山，所以自己取了這個尼字，所以叫做孔仲尼。

因此，孔子的父親我們可以稱為孔紇、孔叔梁，習慣稱為叔梁紇。他在當時是宋國比較落魄的小貴族，但高大威猛、孔武有力，流亡到魯國就跟著魯國貴族征戰，那時要想封土、封邑，都得有軍功，或者是世襲，在魯國他沒有封地可以世襲，所以就跟著大貴族去打仗，身先士卒立

下戰功，而且冒死救了大貴族，後被封為陬邑大夫，這塊封地也並不大，相當於現在的縣級市，孔子之父相當於縣委書記兼縣長。近七十歲時到郊外打獵偶遇一女，姓顏，即是孔子的母親，是當時的賤民，也就是奴隸，家住顏家莊。

顏氏是顏家莊鄉下人，是社會最底層，當時才十七歲，遇到高大威猛的縣委書記外出公幹，如此偶遇便在野外山洞中相交而生孔子，於是《史記·孔子世家》中記述：「紇與顏氏女野合而生孔子。」

此處大家要清楚，那時候這種所謂的野合很普遍，並不存在作風問題，更不存在違法的問題，這一點要理解清楚。作為封地的大夫，即縣委書記，縣城裏生活的是貴族，城裏人就稱為國人，而把城外的土地，稱為野，城外之人亦稱野人。因而，孔子之父在其縣委書記權限內管轄的城外之野，與其母即野人相交，即稱為野合，在當時是正常的，與現在的社會認識不一樣。

歷史上很多有名之人也都是這樣野合而來的。然而，

孔子之母並沒有名分，所以，在當時不是貴族只能是平民奴隸，即使生了貴族的孩子，也不允許其母進入貴族，不過孩子可以進入貴族階層。

孔子三歲時父親叔梁紇就去世了，母親又不是明媒正娶，因此孔子有貴族的血統，但其父的貴族家庭不認他，而母親從未告訴孔子其父是誰，孔子一直不知道自己有貴族的血統，就隨母親在外婆家顏家莊長大，也就是跟顏家莊的平民、奴隸、農夫一起長大。那時候奴隸階層的底層百姓是不允許學習天文地理、人文社會、政治體制這些學問的，諸如《易經》、《詩經》都不允許學，甚至字都不允許認識，只允許學習生活技能，比如種地。所以孔子自小是種地出身，《論語》中他親自說過，所有農村中卑微的農活他全幹過。

孔子知道自己是貴族出身，命運便有了轉機，他才開始轉變。十五歲時，孔子的母親也去世了，喪禮之時隔壁一位車夫告訴孔子，母親在世時不讓大家說，其實你的父親就是大夫叔梁紇，即前縣委書記。那時貴族封邑都是世

襲，孔子一聽原來自己有貴族血統，可以成為貴族，很是高興，於是他做了一件使人震驚的事情，即所謂認祖歸宗。

　　孔子知道身世之後，首先想讓母親與父親合葬，如此亦可證明他的合法身分。於是孔子在葬禮後，並沒有為母親下葬，而是把母親的棺材抬到縣城最繁華的大街，與城外相通的十字路口，那是人往來最多的地方，告訴路人這是我的母親，我的父親是前縣委書記，我要把我的母親和父親合葬，但我現在還未被承認，進不了孔家大門。大家聽到，這也是合理的要求，於是有人將消息傳到他的哥哥，即世襲封邑的現任縣委書記那裏去了。結果孔家派人過去一看，當時的孔丘長相亦是高大威猛，一眼就能看出是孔家人，與其父親非常相像，家人一看沒什麼可說的，也不能讓事態過度發酵，於是立刻把孔子接回府中，將其母與其父合於一處厚葬，自此孔子成為了真正的貴族。

　　孔子十五歲正式成為貴族，就可以學習詩書禮易這些貴族學問了。當時的貴族兩件事，第一是軍功，當時是軍事分封制，很多貴族是靠軍功打出來的封賞、封地。第二

是在有軍功的同時，又要通達上古的智慧，如此在貴族圈子裏才能立足穩定。所以，那時的貴族都精通詩書禮易，能文能武，而且貴族必須得學習，老百姓則不允許學習。

孔子十五歲開始學習，並沒有固定的老師。雖然已經是貴族，但是孔子依然家境貧寒，哥哥和家族雖然接納了他，但是並未給予太多資助，僅是一個貴族身分而已。其實就是個落魄貴族，根本請不起老師，於是他自己東學一下，西學一點，別的貴族孩子在學習時，他就在旁邊聽，後來學會識字了，就可以開始自己學習詩書禮易這些經典，但那時他的學問體系還差距甚遠。

包括孔子娶妻，應該也並未娶貴族之女，因為在當時的貴族中，雖然承認了孔子的身分，但是也還是看不起他，連參加貴族的宴會，都被當時的跋扈家臣陽虎擋在門外，十分屈辱。孔子十九歲娶妻，二十歲生子，其夫人貴為聖人之妻，後世卻沒有什麼記載，孔子有一兒一女，兒子名為孔鯉，女兒亦少有記載。

直到三十歲時，孔子才學有小成，亦即是學習才有了

一點感覺，是謂三十而立。即孔子在三十歲左右時，才能夠養家糊口，那時他獲得一個機會，為魯國大貴族季孫氏做些基層行政管理工作，史稱「委吏」，負責管理大貴族的封地，以及農奴、倉儲、賬目、文書等等基礎的雜事。因此三十而立，即是有了穩定的工作，能夠養家糊口了。

後來孔子的學識越來越高，貴族開始聘請他為貴族孩子的私塾老師，這也逐漸開啟了孔子開創私學的教育事業。而平時孔子除了做行政管理之外，還有一項兼職，就是做當時的一種職業，稱為「喪祝」。祝指特定範圍的祝官司儀，喪祝為《周禮》春官所屬，掌大小喪祭的祝禱。而做這項司儀工作必須得是有文化的人，但都是落魄的小貴族，大貴族一般不願意做這類事。孔子兼職做喪祝，補貼家用，然而因此他接觸到了禮儀。

再後來孔子想，只是教這一家的孩子並不夠，他還有業餘的時間，於是他就萌生想法要教更多的人。但是何處招生呢？貴族中沒有人跟他學，因為那時的孔子在貴族圈子裏也沒有知名度，但他還是想多教些人，多賺些家用。

現在我們稱孔子為聖人，而聖人那時也是這麼一步一步走過來的，我書中的內容不會十分的嚴謹生硬，盡量貼近真實生活，但是也有明確的主題。現在所講的主題就是，孔子的儒學體系是如何建立起來的，又是為何建立的，是針對哪一類人群建立的？而關於孔子的典故故事也都不離這個主題。

此時的孔子又想起了外婆家。然而，外婆家都是百姓，只能種地，沒有其他的出路，只是為了養家糊口幹一些粗活，哪能有知識、有文化，那時也是不允許的。所以，也沒有人願意教百姓、奴隸知識，更不敢教他們上層的文化。而在孔子之前的時期，都是貴族從小學到大學完成學習以後，其中學識好的、有聲望的，再由其他貴族聘請為孩子的老師，所以知識和智慧體系就在貴族中流傳，世代沿襲，老百姓根本沒有機會接觸到。

然而，孔子這個貴族與其他世襲的貴族不一樣。我們都知道，他是從平民奴隸人群中走上來的，突然間成為貴族，而原來的貴族並不認可他，他實際上就介於農奴和貴

族之間，也正是因為如此他最終成為了聖人。如果孔子本就是世襲貴族，他絕不可能去教百姓，根本不可能有那種想法。而現實中的孔子還想多賺些家用，但貴族們不聽他講課，他就想起了父老鄉親，想起了窮苦百姓。

有人覺得孔子當時肯定想把他學的這套學問，教給顏家莊外婆家的人，他們可是真正有需求的，而這套學問也是有價值的，他們學好之後，就能掌握知識和智慧，就有可能跨越階層了。實際上，孔子當時可沒那麼想過，他只是在想教給父老鄉親，這些老百姓得付給我學費，但跟我學了以後做什麼用呢？種地這些粗活也用不著學習《詩經》、《尚書》、《禮記》、《易經》啊。所以有個分發的問題，類似於我們現在大學畢業以後，學校如果不管分發，學生還得自己找工作，如果找不著工作也就沒人再來學了，孔子當時想的就是吸引人來學，所以得管分發工作。

孔子非常聰明，他已經進入大貴族的圈子裏了，給季孫氏當委吏，又做了私塾老師，還有喪祝司儀，他就知道當時的大貴族有很多小的行政事宜，他們不願意做，只有

一些落魄的小貴族，為了生存，迫不得已才去做行政雜務，做文書管理、調和矛盾、監管判案等等事務。其實，大貴族非常缺少這樣的小吏，孔子就看準了這個空隙，找到了工作機會。

然後孔子告訴鄉親百姓，「在我這裏學習三年五載，我教的都是貴族學的，識字、琴棋書畫、《詩經》、《尚書》，你們付學費跟我學習之後，我還保證你們分發，推薦你們去做大貴族的行政小吏。這樣你們就可以接觸到貴族圈，為貴族直接服務了。」

這對顏家莊的窮苦百姓太有吸引力了，而孔子又教學又管分發，也得收取學費，但是老百姓、勞苦大眾也付不起多少學費，於是孔子確定，來學習的人，交一束脩，就可以做他的弟子。一束即是一捆，脩即是臘肉，一束脩就是一捆臘肉，大概是十條臘肉交給孔子作為學費。在當時，十條臘肉對於窮苦百姓也不是小數目了。但孔子是只要能夠交一束脩，不論是何出身的人全都教，此一說亦出自《論語》，「子曰：『自行束脩以上，吾未嘗無誨焉。』」大

家想一想，對於社會底層的窮苦百姓、平民，都是種地、做手工的苦力工作，而孔子回來外婆家一宣傳，可以教他們學習貴族學問，還能介紹工作，工作性質是天天與貴族在一起管理平民，吸引力怎能不大，誰不想做啊？十條臘肉，就算借也得借來，結果顏家莊的百姓們都蜂擁而至。

　　所以孔子年輕時的早期弟子，全都是這樣招來的。而孔子最偉大的有教無類，廣開教化之門，就是這樣一步步實現的。比如他最得力的弟子，前文介紹了叫做顏回，也就是他外婆家的親戚。顏回的父親名叫顏路，是孔子的第一個弟子。一聽到孔子要教百姓知識、文化，只要給十條臘肉就都能教，顏路第一個就衝出來了，前景是美好的，根本沒想那麼多，又跟孔子是親戚，最早拜師成為第一個弟子，但並沒學成，也不是七十二賢人之一，但是自己的兒子學成了，顏回成為了儒家五聖之一的復聖。所以顏路其實也很厲害，自己雖然有點不知深淺，但是兒子培養成材了。顏回十三歲就跟著孔子學習，所以顏回早逝，孔子特別悲傷。

現在所講就是孔子的儒學是這樣一步一步形成的，孔子沒有師父，這套體系是從哪裏學來的，為何能夠突然飛躍？其實就是從他給大貴族的孩子做老師開始，那時的孩子在家學習三年五載之後，經典都學得差不多了，然後必須到外面周遊，亦即是現在所說的，讀萬卷書行萬里路。而這個貴族子弟就是南宮敬叔，周遊列國時都是由老師孔子帶著，那是孔子年輕時的一次周遊。

孔子共有兩次周遊列國，五十歲以後的一次周遊很慘，路上差點餓死，而年輕時的這次周遊很舒服，因為有貴族的財力給他支撐，還送給他一輛馬車。孔子就帶著他的學生一起周遊，不僅遊山玩水，更要四處遊學，拜會各地的名人。

孔子帶著學生南宮敬叔，專程到了當時的都城東周洛陽，拜會了當時大周朝的圖書館館長老子。於是，老子開始教授孔子上古智慧，最重要的就是把靈接先聖的通靈之術教給了孔子，使孔子能夠與上古神靈建立聯繫。有人覺得所謂通靈之術很玄，認為不可能跟上古的神靈建立聯繫。

其實史書上有明確記載，老子才是孔子真正的老師，是老子帶孔子真正入道的。老子那時掌管著周朝國家級的圖書館，而那裏收藏的都是上古傳下來的典籍。

關於這些上古典籍，我在《中華文明真相》系列書籍中已經講述過，大洪水爆發之後把大地淹沒，八大山頭存留下來一些半神人以及當時的先民，同時也遺留下來一些典籍。而周初時候曾經做過一項工作，就是在全國範圍內大範圍的搜集這些典籍，收藏到國家圖書館中，老子就是掌管這些典籍的圖書館館長，所以他從這些典籍中學到了很多真東西。老子寫的《道德經》，都是一句話、一句話的，獨立像語錄似的。其實那都不是老子自己編寫出來的，他當時沒用邏輯思維去一句一段的寫，而就是東一句、西一句的，對上古典籍或稱為語錄的匯集，是他摘錄的上古神人的語錄。

其實，老子是把這些傳給了孔子，孔子一生不止拜見老子一次，而是見了老子很多次，所以老子才是孔子真正的老師，帶領孔子修易、入道。易的本質即是占卜之術，

也就是所謂通靈之術，到底何謂通靈之術，又是如何占卜、預測的？可不是天天背誦《易經》的爻辭、卦辭，天天擲銅錢卜卦，不是那麼回事。易的意義極為深遠，真想進入中華文明的大門，不通易則不可能入門。而通易必須有師父傳授方法，才能真正做到如孔子一樣靈接先聖，即是與上古的文明體系真正連接到一起。

所以，孔子是在年輕時，第一次周遊列國的過程中昇華了，回來之後就不一樣了，四十歲以後真正開啟了教化之門，那時的孔子隨著時間的增長，他的學識及智慧大開，在貴族中的知名度就越來越高。後期就不再招收顏家莊的窮苦鄉親了，很多小貴族和大貴族家的孩子都送來學習，所以後期也就不再是十條臘肉的學費，那時的貴族也不在乎學費了。

因此，真正孔子的儒學體系，是想要從根上教會所謂的平民百姓跨越階層。一些優秀的弟子，像子貢、子路、曾子等優秀弟子，學成之後，不管以前的身分地位，也不論自家有世襲，還是農奴、手工業者，只要真正掌握了孔

子教的學問以及技能，就能在貴族圈裏找到工作，甚至能夠成為貴族的老師。

因此，這個職業就是孔子開創出來的。雖然孔子之前也有教育，但是孔子開創了教化大眾之先河、平民教育之先河。隨後的科舉制也都是在此基礎上，對普通老百姓打開教化之門，開通上升之路，我們每一個人都是需要感謝孔子的。如果沒有他廣開教化之門，向平民大眾提供教育，我們現在還得像西藏一樣，至今西藏的農奴也是底層人群，根本沒有機會學習，也不允許學習，都是農奴主、活佛、廟裏的和尚、管理層掌握知識和智慧。歐洲曾經也是一樣，現在有類似科舉制度的考試晉升，也都是向中華學的，才實行了幾百年，在此之前也都是貴族受教育，老百姓根本接受不到教育。

孔子在兩千五百年前，已經為中華開啟了對平民的教化之門，實在是太偉大了。因此，我們整個社會結構才有上下的溝通，平民、百姓、農奴中的優秀者、佼佼者，才有管道可以上升，實現階層跨越後再來管理平民百姓，所

以中華一個朝代維持幾百年非常穩定，與此有直接的關係。

孔子所創之儒學，其中的六藝就是當時貴族盛行的六種戶外活動。周就是以六藝來教化貴族，相當於現在的富貴人士都喜歡打高爾夫球，為了讓孩子接觸到貴族、富豪，很多人從小就斥巨資教孩子打高爾夫球，長大後打得好就可以直接進入富貴圈子。周時的貴族即是盛行六藝，他們在這六種活動中去學習、領悟那些高深的管理之道，之前只有貴族才能學，而孔子把這一套學問道理教給了平民。

講《孝經》時講到孔子的這些故事，就是要告訴大家儒學到底是做什麼用的。明白了這些，我們即可知道自己是否適合繼續學習儒學。學儒學，一定要有跨越階層之志願。

有人認為現在的社會結構，與兩千五百年前已經完全不一樣。實際上，並沒有本質的區別，儒學就是為了成為統治階級、貴族階層而學習的，學好這套體系，個人能夠實現跨越階層成為貴族，子孫自然也會成為貴族。所以，我所教授的儒學即謂聖王之道。歷史上成功的人，我們都

稱之為王，然而稱王者有這樣四類，最精明的稱為聖王，其次稱為霸王，而後是匪王，最後則稱為昏王。此即謂成功者，王分四類，可以先看看自己想成為哪一類。

聖王，以禮治天下、以禮治企業、以禮治家族，而禮即是從孝開始，建立一套文化體系，從而能夠成就聖王之偉業。

霸王，不學禮、不學孝、不學孔子儒家這套體系，霸王以法治國、治家。法並不僅是法律，而是法家的那套手段。學習法家體系，以法家手段就能成就霸王。歷史上的秦始皇，以及之前的春秋五霸、戰國七雄、之後的項羽，都稱為霸主，成就的都是霸業，不是聖王而是霸王。成吉思汗也不能稱之為聖王，無法建立一套體系，只是為了成功不擇手段，這都是法家的體系和手段，得到的也只是一時之霸業，長久不了。

聖王一定是建立一整套體系，能夠使老百姓安居樂業，沒有殺戮，然後又能帶領一個朝代繁榮興盛，還能夠傳承、延續。比如黃帝、堯、舜、禹、夏啟、商湯、周文王、周

武王、周公，這些都屬於聖王，再如漢高祖劉邦、唐太宗李世民、宋太祖趙匡胤、明太祖朱元璋，也都屬於聖王。包括建立大清的清太祖努爾哈赤和清聖祖康熙，其實也可以稱為聖王，近三百年的天下治理，應用的完全都是儒學體系，雖然讓漢人梳辮子、改服易幟，但骨子裏已經融入了漢文化，用儒學建立了一整套管理體系，即為聖王。

匪王，則是只知道人治，既不懂儒學這套聖王之道，又不懂霸王之法家學問體系，僅憑拍腦袋、哥們義氣、人情世故，就稱為匪王，例如歷史上的陳勝、吳廣、李自成、洪秀全，這些都是匪王，最後結果都很慘，既建不了功，又立不了業，只是一時禍亂天下。

最後還有昏王，就是什麼也不懂，根本沒有當王的能力，只是世襲下來，當了王以後就亂改革，不識道統，把老祖宗留下來的一套體系都打破了，自己覺得是在改革，是在維新，是在變法，結果卻給社會帶來了動亂，致使天災人禍不斷，這就是所謂的昏王。

聖王、霸王、匪王、昏王，這四類王你想當哪一類？

儒學教我們的就是如何成就聖王。學了儒學，如果不想做聖王，還可以做聖王的老師，也就是給貴族以指導，當他們的老師；也可以作宰相，輔佐聖王；還可以做個良醫，護佑一方。學習儒學，跨越階層是最根本的，而從業的性質，即是那句俗語，「不為帝王，即為帝師，不為良相，即為良醫」。學習儒學後的發展道路，就在於此，是從孔聖人創立儒學之時就已經定下來的。

之後世世代代的儒學弟子都走在這條路上，出現了太多的成功者，太多從平民跨越階層成為精英的人。比如范仲淹，北宋宰相，出身貧寒，自幼喪父，毫無貴族背景，苦讀學習，後來實現跨越階層，之後的世世代代都在受封、世襲，子孫代代皆為宰相高層、精英貴族，就是因為學習了這套儒學體系。

本章並沒有具體講解《孝經》的章句內容，但是所講的也非常重要，讓大家理解儒學是如何而來，儒學到底是做什麼用的，會將我們帶向何處。如果真正明白了我們為什麼要學習儒學，我覺得還是相當有意義的。有的人不是

這種願，那就不必再學；有的人讀到本書，認為正是自己想要的、希望實現的，而且現在有千載難逢的機會去實現，那應該如何做，自己亦可做出堅定的選擇。

第九章

《孝經》帝王管理之道

中華經典內聖外王

第一節

天道人心血脈凝聚永不變
公即家族選擇犧牲為傳承

大家應該能夠感受到我解讀《孝經》的講法，與現行的很多教授專家的解讀，或者一些高僧大德講經說法的方式不一樣，一句話可能就會講幾章，延伸出很多內容。其實，講經自古以來就有兩種講法，一種謂之微言大義，而另一種則像語文老師那樣一句一句的解釋，只把字面意思梳理清楚，或者研究每一個字代表的意思，解釋每一個典故。

第一種微言大義式的講經方法，即透過一句話，把背後的含義及其延伸，在現實中如何應用，都要講解出來。第二種可稱為註疏式的講法，註就是標註、注釋的意思，對經典的每一個字都有注釋，疏即是對注釋的解釋，合稱為註疏式講法。所以自古以來講經基本上分為兩類老師，一類即是我這種講法，也就是微言大義式講法，由經典上

的一個字、一句話，能講出很多背後的內涵，古代也叫做通注式講法，即講的是理、講的是義，而不是字面。其實孔子對經典的解讀，包括後世弟子子孫對儒學經典的解讀，也都分為兩部分，今後我們會逐步涉獵。

我們正在講解《孝經》，都已經用了近兩本書的篇幅，第一章開宗明義還都沒講解完，其實我講解《孝經》已經不是單純的講字面意思，否則一共不到兩千字的《孝經》，現在早就已經講完了。我們更注重的是把《孝經》真正的含義，為我們揭示的到底是什麼，到底要教會我們什麼，為什麼可以稱之為經典，如何落地應用，一一講解清楚。同時，聖人為什麼作《孝經》？又為何孝是德之本，是教化的根源，現實中孝對我們的現代生活、社會結構、政治體制等是否有益，我也都會逐一講解明白。

其實講解《孝經》就是在講儒學的聖王之道，透過《孝經》的講解就能夠將整個儒學的聖王之道，都深刻的理解。而最關鍵的是理解經典的含義之後，我們當下如何應用，如何改變我們的家庭關係，改變人與人之間的關係，應用

於企業的管理，應用於國家的治理，以及社會結構、政治體制的建設。其實就是一個道理，可以用於個人修身、修心，也可以用於自己的家庭、自己的企業，還可以用在管理城市、治理國家之上，可大可小，可微觀可宏觀，這就是我們學習《孝經》真正的意義所在。

現在大家一聽到講經說法四個字，其實心裏都有些矛盾情緒。五四運動到現在近百年的時間，我們提起古代經典，尤其是儒家經典，認為都是腐朽，老學究似的之乎者也，把國家都帶向了衰敗，心中都是反感的。但是為什麼會反感呢？因為我們已經不懂經典，宋以後近千年我們對經典的真正含義，幾乎沒人能懂了。宋以後中華整個文化導向，已經偏離正統儒學為我們指引的方向，不是儒學經典有問題，也不是儒學不識時務、不合時宜了，而是人為有意使之偏離了儒學正道。

那現在儒學到底還有沒有用？為什麼要學《孝經》？其實根本沒有多少人願意看《孝經》的講解，這就是現在的一種趨勢，對《孝經》甚至對儒學都不感興趣，認為與

自己沒有什麼關係。孝與我們現代人天天灌輸的理念，其實不太相合，不符合現在大家想賺錢、想快速賺錢的興趣點。

我一再反覆說明《孝經》真正在教我們的，是儒學的經邦濟世之學，而儒學聖人之道就是經邦濟世之道。前文又講了《孝經》中，孝之初即身體髮膚是父母所賜，不敢毀傷；孝之終即立身行道，揚名於後世，以顯父母。既然上一章我們講到為何要學習儒學《孝經》，那現實中如果想經邦濟世，要怎麼做？應該發什麼願？為什麼要發願？聖人是如何引導我們發願的？為了家族的利益，為了光宗耀祖，為了給子孫立榜樣，這就是儒學教導我們應該發的願。

有人說：「老師，我們發的願，難道不應該是為國家、為民族，大公無私嗎？為我個人、家庭、家族發願，我怎能只管我個人的家族呢？這是不是有點狹隘啊？」

其實所謂為公為國，我們可能根本就不知道國是什麼意思，公又是指什麼。大家都說要大公無私、大愛無疆、

為國家為民族，但是口說無用。當真正知道國是什麼意思，公又是什麼意思時，就能知道其實都是家族，家族就是血親，是血脈，是宗親的傳承。不為自己的家族，卻想為與我們一點血緣關係都沒有的人，我們有什麼能夠連接這些人呢？

不要認為這是狹隘。現在的人們，確實經常高喊團結的口號，卻不知因何而團結，團結的都是何人。所以，現在大都是團結起來以下反上。我們中華古人不是這麼宣傳的，而是在宣傳孝道，首先在家庭和家族內部用孝來連接，使子孫後代從小受薰陶、受教育，要為家族爭光，為祖先爭光，為子孫立榜樣。為什麼自古以來中國人就從小受這種家庭教育，為什麼祖先不強調以階級相互對抗？為什麼以血脈來劃分社會單位呢？就是因為自古以來，凡是以人種或者階級劃分人群類別的，沒有取得長久成功的，根本長久不了，完全不符合人心、人性、人情。

中華古之聖人制定這一套經邦濟世的體系，是根據自然的天道，天道即人心，人心延伸出去形成人性，進而形

成我們的人情，這些是可以長久延續的，是亙古不變的。一定要記住，只有血脈、血緣，外延出去稱為宗親，才是真正最具凝聚力的，是可以永久延續的，可以世代傳承的，可以亙古不變的。我們的古聖人即是以此為中心，建立了一整套等級制度，形成了完善的社會秩序，延伸出去即形成一套穩定的社會結構，而後以此為中心才形成了一整套政治體制，即是謂宗親貴族制。

所謂貴族，亦即是家族的延伸，實質上就是以家族、血脈、宗親為社會的基本單位，形成的社會結構，非常的穩定。前文其實已經涉及了很多內容，如何用孝治理國家，從堯、舜、禹、夏啟，到商湯、周文王、周武王、周公，再到春秋戰國時期的孔子，中華都是以禮治國，禮的基礎即是孝。沒有孝就沒有敬，沒有敬就沒有禮，沒有禮就沒有道德標準，就沒有規範規定，更無從談及法律、法治。而究竟何為禮？禮其實就是廣義的法治，禮推廣起來以後，不僅包含道德標準、道德規範，同時也是法治和法律的基礎。禮是一個廣義的概念，不僅是指行禮，而是一個規範的標準，必須遵守才謂之禮。

儒學到底為什麼幾千年一直興盛不衰，而且是中華文明文化的主流，因為儒學太實用了，只要會應用就真的好用，不僅在古代，現代也是一樣。如果棄之不用，離之甚遠，甚或與之背道而馳，亦即是在現實中的國家，不以儒學體系建國，建立政治體制和社會結構，完善社會秩序，在外自然界的呈現即是災難不斷，在內即是人心不服，上下相怨，中國歷史上沒有一個這樣的朝代可以長久。

　　為何僅說中國歷史而不說西方歷史，因為西方自中世紀以前一直沒有開化，一直處於長久的黑暗中。而中華上下五千年，先不說久遠的黃帝，從堯、舜、禹到夏、商、周，一直到現在，中華之所以能夠如此穩定，文明能夠不斷傳承，種族能夠繁衍生息，而且特別純，完全因為有這一整套儒學體系作保證，這套體系即謂之道統，道統轉化形成綱常，延伸出去即為倫理，進而形成禮規，然後才是法治。如果不符合道統，不建立綱常這一整套體系，沒有任何一個朝代能夠長久。

　　中華歷史上起義推翻一個王朝以後，新成立的王朝有

的瞬間就結束了，其實根本不能稱之為王朝，比如南北朝時期、五代十國時期，期間很多的王朝不斷更替。有的王朝一旦建立之後，就非常的穩定，稍加留意觀察就能發現，其實這類王朝有一個共同的特點，即是不管王朝如何奪取的天下，只要王朝建立後馬上按照道統實行綱常的體制體系，給老百姓建立一套儒學體系的倫理道德規範，再從禮規上進行教化，然後有法治作為威懾，這樣的朝代基本都會長治久安，傳承幾百年、幾十代。然而，凡是打破了這套道統綱常體系的一代皇帝，又想改革又想創新，改革創新本來也沒問題，關鍵看在哪方面改革和創新，如果在道統、綱常、倫理、禮規體系方面，打破原來的體系，基本上都是亡國之君。這些實例在中華歷史上比比皆是，不斷的驗證這個理。

其實，我們本是一介百姓，涉及不到國家、民族、社會結構、政治體制等等。只是因為我是研究道統這方面的，即所謂道統學。首先我研究的是何為道，所謂道我們看不見又摸不著，真正研究的就是這一套道統。國家、民族、社會層面太高，根本用不到，一介平民也不能妄談國事，

那學之何用？而我們學習這套道統學，至少可以修身成聖，進而齊家即管理企業、管理家庭，先莫談治國，我們學好之後可以在家庭中樹道統、立綱常、定倫理、制禮規，即可保證家庭、家族能夠世代興盛繁衍，子孫既不會敗家，又福德圓滿。也可以應用於企業管理，這都是離我們很近的實際應用。

學好儒學之道統學，先是修身，從修自己開始，然後齊家，使我的家庭穩定幸福、圓滿傳承，成功教化子孫，再延伸出去即是家族在這一套道統下，能夠獲得更好的傳承教育，使家族更好的積善積德、圓滿和睦。而我們現在都不知道如何積善積德，何謂積德，德以何為本。認為積德就是做點好事、成人之美、幫助別人、與人分享，其實這些都不能稱之為德，甚至與德差距甚遠，因為根本不知道善是什麼。

天天要止惡揚善，行善積德，然而真正善的本意是什麼？難道與別人分享就是行善嗎？不是那麼回事。孩子的小玩具，如果天天告訴孩子要跟小朋友分享，覺得只是小

玩具不當回事，與人分享又能如何，即使壞了就再買一個，但其實這對孩子可是天大的事，不能這樣從小教育孩子。現在很多父母都是教育孩子從小就要無私、要分享，但是並不知道這麼教育到底對不對，如果天天這麼教，孩子長大後父母就會後悔的，讓孩子分享玩具，父母自己買了賓士、寶馬汽車，跟別人分享嗎？好朋友想開幾天為何不借？因為覺得貴重，怕磕碰壞了，不情願與朋友分享。老公特別好，老婆長得漂亮、知書達禮，能跟人分享嗎？自己的公司、自己的利益能與人分享嗎？

很多不符合人性的教育，從小不斷的灌輸給孩子，結果孩子心中認為分享就是好人，不分享就是壞蛋，分享就大公無私是好，不分享就自私自利是不好，但是又不能全都分享，有些好東西還必須要藏，國之重器不可示人，更不要說分享了。好資源、好人脈、核心利益，都與別人分享，豈不成了傻子？但是我們從小受的是不是這種教育？

有人很詫異，說：「老師，您怎麼能這麼說，這麼教育呢！我就是要讓我的孩子胸襟寬廣、格局大。」

這是兩回事。心胸寬廣、格局大，與事事處處與人分享，完全是兩個概念。聖人不是那樣教導我們的，聖人也不會告訴我們好的全都與別人分享就是好，那樣教育就不是聖人了。

有人更加困惑了，「不對啊，從小我們接受教育都是一定要大公無私，為國家、為民族捨生忘死啊！」

先放下吧，中華的聖人不是那樣教我們的。事實上，大公無私、捨生忘死都是有階段性的，只是想當英雄，卻不知這些都是在某種特殊的歷史時期，霸王出現時所謂一將功成萬骨枯，鼓動老百姓捨生忘死、不顧名利，不要命的往前衝，從而建立一代霸業，歷史上這樣的霸王太多了。但是大家首先要清醒，作為普通百姓要清楚的知道自己究竟要什麼，自己的父母妻兒如何贍養、養育，自己的家族如何延續傳承。

有人說：「老師，如果大家都這麼自私自利，國家有難的時候，是不是就都不會挺身而出，捨生忘死了？」實際上恰恰相反。真正國家有難之時，能夠挺身而出，能夠

義無反顧的衝上去，甚至能夠捨生取義的，都是為了家族，為祖先爭光、光宗耀祖，為子孫後代自豪、延續繁榮，是為了家族、血脈、宗親去拼搏，這才是人性最基本的動力。一定要清楚的記住，這就是中華祖先聖人，以孝為根本建立社會秩序和社會結構的根本原因。

一個人並不能僅僅提出為國家、為民族建立大功業的宏大口號，這是長久不了的，一時熱血激動過去以後，就都沒勁了。如何才能長久呢？即前文所講，血親宗親、家族血脈，這是長久的、亙古不變的。可以犧牲，但要清楚為什麼犧牲，為了家族更好的延續，為了我的精神、我的價值觀、我的生命意義可以傳承，為了給後世子孫立榜樣，當然可以選擇犧牲，但同時也要記住，任何事都不可以離開我們的宗親血脈。

所謂大公無私，就要理解何為公？我們自古稱公卿士大夫，到底為何如此稱呼排序？其實，公就是家族，國君的家族稱之為公，也是指家族。所以真正把家、國認識清楚，把公理解明白，做事之時才有依託，所做之事才有意

義。

　有人還是無法理解，「老師，您說的不是與現在的社會價值觀相反嗎？現在這個時代怎麼還能提家族呢？現在講究人人平等，都只講國家利益和民族利益。」

　一定要理解清楚，我所講的是，離開了家族就不要談穩定的社會結構了。穩定的社會秩序、政治體制，離開了家族也都無從談起。要記住首先人的一切都是為祖先爭光，為子孫傳承。真正做了為人類有貢獻、有價值的事情，大家就會想到你是誰的孩子，父母有光，祖宗有光；而後也會說你是誰的爸爸，為人類、為民族、為社會做出這麼大貢獻。其實，最後真正能記住你，尤其在你去世以後能夠代代不忘你的，只有你的子孫，即使你有再大的功績，對別人的子孫也無關緊要，別人只會祭奠自己家族的先祖，只能記住自己的祖先為人類社會做出過貢獻。

　只有自己的家族、自己的子孫才會真正記住你，宣揚你的功德貢獻，傳承你的社會價值，別人家族的子孫根本無法記住你的事蹟。同時，對社會真正做了大貢獻，也還

是自己的祖先臉上有光，為自己的子孫自豪。如果你做了壞事、惡事也跟別人的家族沒有關係，只與你的子孫有關，你遺臭萬年只有你的子孫顏面掃地，而且多少代以後的子孫都顏面無光，子孫更不敢提及家中這位祖先做了惡事，怎能傳這種惡名，而且子子孫孫對你才是真正的怨。但是，你做了惡事，在沒有血緣關係的家族子孫眼中，甚至只是笑話，跟人家根本沒有關係。

道統綱常是大義 血脈宗親是小我
禍國之君破古制

我們現在正在講孝道，講到《孝經》中的孝之終，立身行道，揚名於後世，以顯父母，即是在講古之聖人提倡的是孝，並未提及大公無私、為國為民，而是提出為家族要光大家族的榮耀，為子孫要立榜樣。千萬不能做壞事，使得子孫都沒臉見人，無人相助，人一聽說是奸邪之後，本來想幫也不會幫了，會認為這家人都不好，家族子孫幾十代後都難以婚配，沒人敢嫁，也無人願娶，想一想對誰影響最大？

所以古之聖人將所有建立在孝的基礎上，真的很偉大，在孝的基礎上建立一整套社會結構，非常穩定，而且符合人性，可以長久。中華自古就是一代一代這樣做的，真正的家族名譽、血脈宗親，當事業有成的一天，人人所想最多的就是這些，那時肯定不會以完全的利益最大化為做事

的唯一標準了。

現在很多國人為何無所顧忌？即是認為，只要能超越法律的管轄，有勢大之人能擺平，別說違法犯罪了，什麼壞事都敢做。甚至認為有錢能使鬼推磨，做了壞事以後就更有錢了，大不了我個人翻車、身敗名裂又能如何？覺著人生就是賭，即使賭輸了又如何，個人身敗名裂了，反正老婆孩子都在國外，住著豪宅，開著豪車，花不完用不盡的錢，生活得很好，最多也就是犧牲自己幸福全家。這種心理就什麼都不怕了，教育的一切以利益為上，有錢就是最好的，賺到大錢了光宗耀祖。

其實，僅是有錢根本不能光宗耀祖，任何祖先也不會因為你的錢多而覺得榮光。僅是因為錢多而官大，能彰顯祖上的什麼德行？人人都知道你的官位是花錢買的，是阿諛奉承、溜鬚拍馬、請客送禮而來的，官再大別人、後世會如何看待？而中華講究一個家族要立德，古人就是要在人倫道德中，將財和官的概念劃分出去，這些不能光宗耀祖。不是有大錢、當大官就能夠光宗耀祖，而是要留下好

的德行，真正為人類做出貢獻，留下高風亮節的善名，即所謂揚名於後世，是揚名而不是留錢，也不是留權。要留下好名聲，是建立在德的基礎之上的。

有人問：「老師，您剛剛說行善不是德，與人分享不是德，那到底什麼是德？」古之聖人一再告訴我們，守好禮規，遵守現實中的社會倫理道德，維護好綱常，為了道統的確立及延續，可以不顧身家性命，此即謂捨生取義，為此可以犧牲自己。此處一定要理解清楚，確立道統，又能夠使道統不斷延續，這就是大義；亦即是維護道統、綱常、倫理、禮規、法治整套體系，不斷遵守和維護這一整套社會發展的結構秩序，從而捨棄身家性命之人，真正是為大義捨生忘死之人。

所謂小我和大我，何謂小我，何謂大我？個人利益、家庭利益、家族利益，這些都屬於小我，甚至血脈宗親也都是小我。然而，大我也並不是簡單的為國家為民族，捨生忘死上戰場，犧牲我自己就是大我，不是那麼回事。二戰時期，日軍侵略中華時，日本士兵也是捨生忘死，也宣

稱是為了日本民族、為了他們的國家，是那麼回事嗎？德國士兵在屠殺猶太人時，也覺得是為國家、為德意志民族，那能稱之為大我嗎？那時他們都是被人利用的工具，根本不是大我。

這一點大家要清楚，真正的大我，是樹立和延續道統，建設和維護落地的綱常，以及延續下來的倫理道德、禮規法治，要遵守並且維護這一整套體系，是人類社會的國家和民族真正能夠延續，能夠長治久安、興盛發達的根本所在。這套道統、綱常、倫理、禮規、法治體系，自古以來更古不變，要拚命維護這套體系不被打破，即謂之大我。為了這個大我，出生入死，甚至甘願被誅九族。

有人說：「老師，這不是大不孝嗎？」其實不然。自古以來，很多的大儒冒死向皇帝進諫，即所謂死諫，甚至發現皇帝昏庸，敢於批龍鱗罵皇帝，一定不讓皇帝胡作非為。比如嫡長子繼承制，是從夏、商、周開始，由周確立下來之後一直在延續的，即立嫡長子為太子，繼承皇位的制度。

現在很多的影視作品中，經常出現一個皇帝，兒子眾多，皇后所生的第一個大兒子即是嫡長子，基本上出生直接任命為皇位繼承人即太子，這就是嫡長子制。然而，這個大兒子長大以後能力如何、品行怎樣，如果都不知道，怎能這麼快立太子啊？所以有的皇帝就先不立太子，而是觀察兒子長大後會怎麼樣。

　　之後小的兒子出生了，人性上很多皇上都更喜歡小兒子，自己老來得子，看著小兒幼子都高興，也有的因為母親年輕，寵其母而寵其子，枕邊風吹得有些皇帝貿然決定，廢長立幼。此時皇帝最擔心的反而是大臣，就會有大臣冒死進諫，不能破壞祖宗的規矩，皇太子不能廢，廢長立幼絕對不行。我們現在看到這些，覺著那些大臣不可理喻，這是皇帝的家事，大臣管什麼閒事啊？而自古為此廢長立幼一事，殺掉了多少大臣，然而後面的大臣還是前赴後繼的死諫，甚至誅九族都不顧一切的罵皇帝是昏君。我們現在很不理解，大兒子確實德行、品行、能力都不行，小兒子就是聰明伶俐、品德兼優，怎麼就不能立呢？在此首先要告訴大家，不能以能者多勞，僅以品行和能力選拔繼承

人。

　為什麼不能這麼選立？在此我要為大家講清楚這個道理，首先中華的先人制定嫡長子繼承制，就是為了穩定的傳承發展，這是整套體系中非常重要的一環，即傳承體系極為重要。所有不按此制度做的，後來兄弟之間、子孫之間為了爭奪繼承權，火拼內鬥，無一例外。其實即使是在現在，我們身邊也天天都在上演，只要是傳承之時不合祖制，家庭不和的禍根在這兒就埋下了。

　一個國家只有一個國家領袖，一個帝王有十個兒子，如果不遵守嫡長子繼承制，不儘快設立太子，所有的大臣，甚至所有的國民都在觀察會把皇位傳給誰，然後大家就會以這十個兒子為依據，開始劃分界限，分幫分派，互相爭鬥，從而形成巨大的內耗。甚至萬一碰到那種狠毒的兒子或大臣，可能會把其他的競爭者、其他的兄弟想盡辦法都毒害死。

　我們的祖先定立的嫡長子繼承制，考慮的是體系的穩定。如果開始即直接確立了嫡長子繼承，無論未來嫡長子

什麼樣都認定是他繼承，大家的心就都不往別的地方想了。以後肯定是嫡長子繼承皇位，兄弟們也都只會想如何輔佐長兄，也不會再有非分之想，所以很穩定。而且，從人性的角度我們發現，家中的老大基本上都比較敦厚，相對寬容，而且比較照顧弟弟妹妹，格局相對大一點。

其實我們百姓家的孩子自然而然也是一樣，老大的特質基本上都是敦厚，老二的特質則是有主見、有個性，老三相對就比較任性了。所以老二、老三，這些弟弟們的性格適合出去闖天下、打天下，長兄老大的性格本身比較適合守業。當然這並不是絕對的，而是大概率基本上是這樣。

中華古之聖人為何要立這些綱常標準，立這些制度呢？在此只是舉例說明了一個嫡長子繼承制，是符合人心、人性、人情的，按照這些制度標準遵守、執行，後代就會安穩，不會有巨大的內鬥，不會分崩離析。講這些對於現在有何意義？雖然現在已經沒有帝王、皇帝了，但是你的企業要不要傳承？近年來，中國人很多都已經有些家底，有些資產了，而在繼承家產之時，多少家庭都出現了問題。

尤其現在的港澳臺富裕地區，這種實例屢見不鮮。香港、澳門、臺灣，多少富豪家族都出現老一輩富豪去世，子孫打成一片。例如澳門賭王何鴻燊去世，四個夫人十七個兒女，為了遺產爭奪用盡了手段，而賭王本人是按照嫡長子繼承制安排家產繼承的嗎？

　　有人覺得這樣很不公平，憑什麼都讓老大繼承自己的家產？一份家業，一個家族延續的事業，必須得由一個人繼承才能維持家族的穩定，而這個人必須做出自我犧牲，意即是對家中長子，必須從小向他灌輸一個理念，就是家族的產業他必須繼承，不管他本人喜歡還是不喜歡，都必須繼承，這就是他的責任和義務。老二則是教導他，未來的路同樣很寬，可以選擇輔佐長兄做家族產業，但必須清楚僅僅是可以輔佐；或者選擇不輔佐也可以，有自己的興趣愛好去發展，沒有問題，可以出去創業，整個家族都會支持他創業。

　　如此，弟弟們在外面創業，又能闖出一番天地。在外立足穩定以後，就又形成了他們自己的一套傳承體系，他

們又可以把自己的產業傳承予自己的長子。如此，都是長子繼承家業，小兒子們出去打拼，整個家族之中既沒有內鬥，又可以使家族越做越大，根越來越深，子孫之間互相不爭、不搶、不內鬥。因此，在傳承體系中，亦即在我們的古典古制中，特別重要的一點就是嫡長子繼承制，我在這裏只是舉例來說明。

嫡長子繼承制當下已經完全被推翻，根本沒有人理會，也沒有人信了，更沒有人去遵守。人們都在向西方學習，有能力者居之，要觀察三個孩子中哪個孩子最伶俐、最聰明、有德行，就交給這個孩子繼承。其實這樣是非常危險的，孩子們都在觀察，同時都想得到父親對自己的認可，都想自己是唯一，自己比其他兩個強，有的會用正向的拼命努力來彰顯自己的能力，而有的就會用負向的方法，不斷詆毀、貶低自己的兄弟，甚至製造意外害死兄弟，最後或者證明自己是出類拔萃的那一個，或者自己是唯一勝出一個，兄弟們都被清除了，只能傳給我了。兄弟之間如果是這樣，你的企業傳承就會出現很大的問題。

何謂富不過三代？中國自古就有這句話，某一代人突然暴富，出現機會賺了大錢，但只是有錢了，卻並不知道守業的這套規矩和體系，等級和秩序應該如何建立，也都不知道。只是憑一時聰明，或是偶然機遇，或者認識了某人，救人一命後給你一筆錢，於是突然擁有巨大的財富，甚至可能這一世都在賺錢，擁有數億家產，但是這套道統、綱常、倫理、禮規體系的理完全不懂，體制因何建立也完全不懂，就不會建立那套傳承體制，就不會培養下一代如何傳承，一代一代都不懂不會，僅是自然的往下傳遞，根本就富不過三代。

　　其實只需認真想一想，一個企業的傳承，一個國家的帝王傳承，若想延續幾百年，傳承幾十代，得依靠什麼傳承？是不是都得依靠體制呢？就是用道統、綱常這套體系、制度，才真正有可能傳承幾十代、幾百年。

　　有人問：「老師，難道沒有任何例外嗎？如果長子品行不端、不負責任，或者完全沒有能力，難道也不能、不該廢掉嗎？有沒有廢掉長子繼承權的情況呢？」

即使長子是弱智，哪怕長子的品行極度不端，也不可以廢掉其繼承權。只有一種情況要廢掉，而且必須廢掉其繼承權，一定要記清楚，就是長輩、祖先們已經定立好了道統、綱常、倫理、禮規體制，而將要繼承的長子卻試圖打破這套規矩，建立他自己的新體系，即長子不守古制，要搞小聰明，打破已建立的綱常倫理禮制，那就必須得廢掉長子繼承權，而且無論他多麼聰明、多麼有能力，都得廢掉。這樣的人一般都很聰明，自認為在創新，自認為古制都是迂腐的、不合時宜的，覺著祖先定立的體制是有問題的，這樣的繼承人必須廢掉。

　　有人說：「這樣的孩子很聰明啊，他能把家族的事業做得越來越大！」這麼想完全錯了。守業的過程中，企業的傳承、發展、壯大，已經不是依靠某一個領袖、某個人的能力守護，使企業再達到高峰了，而是要靠一套體系和體制。守業之時，任何一個人的弱化，在整個體制內影響不大，但是如果有人試圖打破這套體制，整個體制一旦破了，無論企業、家族、國家、朝代，立刻就會分崩離析，無法繼續傳承了。

歷史上的朝代最後瓦解的時候，一定都會出現這樣的皇帝，即打破了這套道統綱常體系，不遵守古制古禮的帝王。此處的古制古禮，不是指周以前建立的禮制，而是指這一家一朝的祖先，開國之時創建訂立的禮制、倫理標準、綱常體系。如果不遵守，打破了古制古禮的，都將是禍國之君。

　　企業在創立的過程中，前面講過得先從匪王做起，創業要成功不能有太多的條條框框，那個時期沒有規矩體系，還不可以建立這些。得先當創業者，先做匪中之王，而後再稱霸，實現霸業稱霸王之後，占領了自己的領地和疆域，建立了相對壟斷的地位，這時就得從霸王向聖王轉化了。霸王靠的什麼？匪王要成功，靠的是義，個人的義氣、肝膽相照，靠的是信，有信用、有信譽，帶領兄弟們打天下，成功之後跟兄弟們平分天下，全靠信義，兄弟才會跟隨。然後還要靠勇，什麼都不怕，所謂光腳的不怕穿鞋的，那時不能有太多的顧慮，為了活著什麼事都得敢做，所以俗話常說第一桶金都是帶著血的。

有人馬上說：「老師，現在法制社會怎麼能什麼都敢做啊？還能犯法嗎！」

其實，什麼社會並不重要，我們所講的是觀念。為什麼非得犯法呢？法律其實也有很多空隙，可以打很多擦邊球。現在所謂法律的制定，都是在有人鑽了法律的空隙，賺到大錢以後，統治階級才發現，然後制定兩條法律，再這樣鑽空隙、賺大錢就是犯法了。法律是這樣規定的，難道不能走在法律的前面嗎？為何非得犯法呢？因此，判斷自己處於匪的階段，就先不要講太多規矩，以及體系。

有同學說：「老師，我現在正在創業中，我聽您講的儒學感覺可好了，回去以後我馬上建立嫡長子繼承制，然後將儒學這套聖王之道，馬上在企業裏實行！」

我當下就告訴你，千萬不要！首先一定要看清楚理解明白，我講的聖王之道，那是守業之道，還處於創業階段，可以知道聖王守業之道，但是現在千萬不要用。什麼時候能用？當你的企業真正取得了一定的壟斷地位時，形成一定的規模了，你的商業帝國已經成形的時候，企業就進入

了守業期或者發展壯大的階段，已經渡過了生存期，你再去應用和建立儒學聖王體系。

劉邦建漢，是如何創建的？在漢尚未建立的時候，劉邦就是個無賴、痞子，也就是個匪，但是他依仗的是自己的勇氣，我敢做，沒那麼多顧慮。天天思維那麼固定何談創業，天天只想遵紀守法何談創業，正所謂俗語說，秀才造反三年不成，其實何止三年，三十年也成不了，得有勇氣、有義氣才有人願意跟隨你，還得有信譽，才有人願意免費跟你幹，這即是匪。要想成為匪中之王，就得先從勇、義、信三方面入手，一旦發展成為匪王，跟隨你的人多了，形成一定基礎、有一定實力了，就可以稱霸了。

匪之王稱為霸，在稱霸之路上，這時就不能只有勇、義、信了，這些不足以稱霸，就得去學《韓非子》即法家的理法了，學習如何能把更多的人團結在自己的身邊，你就不能只靠最簡單的勇做事了，或者說你就不能再去親自做事了。霸王不可以自己衝上去做事，再有能力都不可以，而是得學會用人，能夠讓所用之人拼命向前的去做事。這

就是《韓非子》的一套霸王之道，要學會如何能夠又不親自做事，又能把所有的能人用好，用他們把事做成功，這就已經脫離匪了，匪即是自己往前衝，當王之後不衝了，這時就成霸了。

而要想成為霸王，就得發揮下面的人，把有能力的人都放好位置，讓他們不為名利一往無前衝上去。如何成為霸王，也有一整套的學問體系，都是對弟子面授密傳的，在此簡單講述一點匪王、霸王、聖王都應該怎麼做。而我們所講的《孝經》其實是跳過了匪王和霸王，直接講解儒學的聖王之道。所以，一定要帶著自己的頭腦讀書學習，不同的階段應該運用不同的道、不同的方法，千萬別用錯了，一旦用錯亦將萬劫不復。

創業的時候用守業之道，而守業的時候又去發揮個人能力，把創業那套方法拿來運用，那肯定長久不了。為何富不過三代剛剛已經講過了，這些都不懂，而且身邊又沒有能人志士，沒有懂這些的軍師、謀臣、大儒為你講解，僅憑自己一時的勇氣，就又開始創業之路。甚至自己處在

什麼階段都不知道，在所處階段應該做什麼事更不知道，談何打造商業帝國，如此不是被對手打垮，就是內部分崩離析，被內部的人、最親信的人廢掉。不懂這些絕不可能長久，雖然能夠成功，但成功只是偶然，而且小有成功也永遠做不大。有些人好像能夠做大，比如給貴族當白手套，很快就好像做大了。但是如果不懂這些理法，做大也只是暫時的，最後結局將會很慘，傳承就更別想了，這就是所謂的富不過三代。

因此，所有開國帝王身邊一定都得有儒學的大家，給予帝王指導，即稱為帝師。皇帝、帝王可以不懂這些，但是帝師一定要精通經邦濟世之道。

再比如，剛剛我們講過的嫡長子繼承制，現代企業中我們舉了賭王何鴻燊的例子，但有沒有將聖王之道應用在企業的成功案例？那我們再舉一個例子，李嘉誠是多年的華人首富，當然李嘉誠現在還很健康，但可以坦言無論他在世與否，李家也不會有什麼財產糾紛，李家兩兄弟也不會為爭家產對簿公堂，因為李嘉誠早已經都確定好了，大

兒子李澤鉅明確為李嘉誠名下所有企業資產的繼承人，長和系日後由李澤鉅管理，此即謂嫡長子繼承制。二兒子李澤楷，則將獲得李嘉誠對其生意上的資金支持，整個家族也都將支持他在家族產業之外開創的私人產業。

而且李澤楷私人投資開創的產業非常好，自己完全能夠正常運轉，也已經是百億身家的巨富了。他公開表態，家族的一切企業資產他不參與分配，甚至完全退出家族信託基金，由大哥李澤鉅持有全部權益。這是為什麼？因為父兄家族都在支持他創業，憑他自己的能力，已經打造出自己的商業帝國，家族的資產是父親交給長兄繼承的，他並不需要，而是自信有能力打造自己的產業。如此兄弟二人還有可能為家產對簿公堂嗎？肯定不可能。而且未來兄弟倆肯定還會相互扶持，資金短缺、生意遇到問題時，兄弟倆可以相互拆借，相互支持幫助。

李嘉誠的傳承安排非常高明，雖然他未必一定懂得這套聖王之道，但是像他們這些潮州客家人，做生意都很厲害，代代相傳都遵循著古法古制，可能並不知道為什麼，

但就堅持這樣往前走，代代往下傳，這就是傳統。

　　真正的帝師、學者，一定要真正懂得理解這套經邦濟世之道，然後才能指導請你做帝師、顧問的人，即指導所謂的帝王或商業王國的帝王。我們講解《孝經》，其實就是在講這套帝王管理之道。嫡長子繼承制講的是傳承，還有聖王的一整套守成體制，應該如何建立，要掌握哪幾個重點，都得逐步學習。

　　從哪裏能夠學到這些呢？即是從儒學經典之中學習。儒學十三經，尤其是儒學六經，講的就是這一套聖王之道。然而，儒學十三經，如果沒有明師講解，即使天天看也肯定看不懂。《孝經》只有短短 1799 個字，書前的讀者可能已經讀了很多遍了，問題是讀懂了沒有？給人講一講自己是如何理解的，能否從孝經簡短的文字裏讀出這麼多內容？多數讀者回答不可能，為什麼？因為你所學習的知識還無法形成智慧，頭腦的理解基本都是片面的，因而讀任何經典也都是片面的，看不透也看不完整經典背後真實的含義。

明師的意義即是在於，已經從片面整合成了整體，即所謂合二為一了，二即是片面，一即整體。明師透過任何一句話看到的都是整體，即謂一以貫之，所以能延伸出很多的內涵意義，就能看懂經典到底為什麼這麼說，到底如何用。儒學體系雖然我一再強調，但是學習起來很不容易，不要以為儒學十三經都背熟了，就是在學儒學了。其實不然，如果不能站到一定的高度，根本無法看到儒學的全貌，即使經典背得再熟，經典語句用得再好，每個字理解得再好也沒有用，因為全都是碎片。

　　此時看任何經典都是管中窺豹，即使一百年時間天天盯著管裏的黑毛，就認為豹是一束黑毛；管子對向了眼睛，盯著管子裏的眼睛，就認為豹是玻璃體；管子移向了尾巴，盯著管裏就認為豹是毛絨細長的，所以管中窺豹，即使認真的看一百年也看不到豹的整體，也勾勒不出豹的全貌。必須到達一定高度，放眼一看才知道這是隻豹，豹是這個樣子，牠的心理活動也就都知道了。關鍵就是高度的問題，所以一定得有師父講解。

第三節

上古自律守道統聖王創經典
信而好古孔子之後再無聖王

在此我藉由《孝經》，其實是在講解整體的儒學。就這一句話，「立身行道，揚名於後世，以顯父母，孝之終也」，已經講了多少內容，講了家族的重要性，講了血脈宗親的重要性。家族、血脈、宗親處理好了，家庭就會非常穩定。現在離婚率高達 50% 以上，就是因為沒有血脈宗親的概念，既沒有光宗耀祖、以顯父母的概念，也沒有為子孫立榜樣、揚名後世的概念，所以任意枉為、任性放縱，不怕傷風敗俗，不怕名聲掃地。

很多人認為，「我做的不好，也影響不到我兒子，我的父母也不會受到我的影響，我家祖上更不會受影響。」因此什麼事都敢幹，一心只為錢，這就是現在社會的弊端。而現在社會又用法治來治理國家、治理社會，法治的漏洞太多了，根本收攏不了人心，管控不了人心，而且一出現

漏洞眾人都去鑽。所以，僅以法治、法律來治國，成本非常高，是最低層級的治理方法，而且難以長久。

我們中華的祖先、古聖人則是用禮制來治國。所謂用禮即是設規矩，而破規矩者，無惡不作之人，不注重名聲，不僅自己會受懲罰，其祖先會一同顏面掃地，也得跟著受懲罰，其子孫也會世世代代抬不起頭，甚至找不到人願意婚配。人的名聲和血脈宗親直接掛鉤，做任何事時，包括作奸犯科、任意妄為的時候，都得多想一想，多動動腦筋，有些事就真的不敢再做了。如此，根本就進行不到法律的層面，也不需要進入法律的層面。用社會結構和秩序，就把人心懾服住了，人內心中的惡想任意妄為的發出來，就會有諸多的顧慮。而且血脈宗親從小就會向孩子灌輸倫理道德，就會把孩子帶向正路，這就是血脈宗親的作用和意義。

由《孝經》中的一句話，我們還延伸講解了，先祖先聖之所以要制定這一套道統、綱常、倫理、禮規、法治體系，就是為了制定一整套能使社會長治久安的、穩定的社

會結構和社會秩序，而且是最符合人心、人性、人情的，這是我們中華祖先的智慧。

　　而如此智慧的一套體系是由誰制定出來的呢？即是古之聖王制定的。有人認為是孔子制定的，其實真的不是孔子制定的，而且沒有任何東西是孔子制定的。那到底是誰制定的？上古伏羲、女媧時期，我們稱為半神人時代，是高度發達的文明社會，那時的人屬於半神的狀態，特別自律的守著道統，那個時候不用立綱常，有道就可以了，所有人都自覺自律，也不需要語言文字，人與人之間都是心心相印，沒有虛假都非常純，都是直心道場，所以治理起來特別簡單。伏羲和女媧的治理狀態就非常的簡單，守著道統就可以了。

　　社會一點一點發展到後來的炎帝黃帝時期，開始有了爭鬥，人就已經開始墮落了，亦即是半神人的時代開始逐漸過去了。狀態中所謂人的因素就開始加大了，而神的狀態因素逐漸的減小，於是黃帝和炎帝開始爭奪天下。伏羲、女媧時期為何沒有人跟他們兄妹爭呢？因為他們那個時期

的人，道德境界很高，社會也是高度文明發達的。炎帝、黃帝開始爭天下了，那麼就得建立綱常了，是從黃帝時期開始建綱常的嗎？不是，任何時候我們一定都得尊重史書。堯開始才有史記載，雖然我們很多俗語俗稱，諸如三皇五帝到如今，我們都是炎黃子孫，然而歷史上並沒有黃帝的史書記載，中華有古籍記載是從堯開始的，我們要尊重古籍、史書，我所講的內容一定都有史料記載為證據，不能亂講，我一定是述而不作，沒有任何是我自己創造的。

關於黃帝，其實是從西漢的《史記》才開始有記載的。夏、商、周和春秋戰國時期都沒有黃帝的記載，至於黃帝究竟是怎麼來的，以後有機緣再深入講，因為他與我們現在講的內容沒有太大關係。

歷史記載我們一般認為是從堯開始的，然而伏羲、女媧是有歷史記載的，我們判斷歷史記載即是看本人是否創過古籍經典，諸如儒學十三經、《黃帝內經》、《山海經》這些經典，都是歷代聖王所創。伏羲、女媧是首創經典，伏羲始創八卦，而八卦又是《易經》之源，所以伏羲實為

《易經》的初創者，也就是我們中華文明的創始人，為中華之遠古聖人，而伏羲、女媧合起來可稱為中華第一聖王。伏羲所創的八卦，相傳是從河圖中感悟出來的。

那時候社會文明高度發達，不需要語言文字，而伏羲只用符號就把一整套宇宙自然的規律展現了出來。只是現代人越來越墮落，智慧越來越削弱，越來越蠢笨，所以根本看不懂簡單符號卻代表著那麼高深的宇宙自然規律。但是當時上古的人能夠看懂，從人有了語言，發展出文字開始，即是從堯舜禹開始，就看不懂八卦、河圖了。

堯禪位予舜，舜又禪位予禹，禹建夏，後來商湯滅夏桀，周文王、周武王又滅了商紂，然後周公制禮作樂穩定基業，以及春秋戰國時的孔子，我們現在學的一整套經典都是這些聖王所創，都是這些遠古的中華帝王創出來的。所謂「古者包犧氏之王天下也」，所以從伏羲開始，伏羲、女媧就是最早帝王，堯、舜、禹是帝王，商湯、周文王、周武王是帝王，周公、孔子亦是帝王，所有我們的儒學十三經、《山海經》、《黃帝內經》等經典，都是世世代

代的上古、中古、近古帝王，亦稱為聖王所創，而到孔子時，孔子雖是無冕之聖王，但並沒有創過經典。

孔子是把歷代的聖王所創的經典，在民間找到並彙集起來，進行刪減，把重複的、虛而不實的部分，如一篇流傳為禹創的古文章，經孔子鑒定並不是禹所創，而是堯傳予舜的經典，如此經過孔子的鑒別、刪減，勘定之後形成了儒學六經。孔子不創經典，也不創社會秩序、社會結構、政治體制，道統、綱常也不是由他創立，倫理、禮規、法治也都不是，孔子嚴格秉承「述而不作，信而好古」。信的是古之聖王，好的是古之聖王傳下來的體制體系，制定的綱常、倫理、禮規，即謂信而好古。

中華這一整套從經典到體制體系，都是上古帝王、聖王所創，不是老百姓創出來的，所以中華流傳的經典和體制體系，本質上一定都有兩個最基本的功能，一是修身，使人身心圓滿、解脫、昇華，即向內的個人修行，達到聖境，謂之修身的功能。個人修身，向內達到聖人的境界，這是一種功能，即所謂內聖。第二個功能，經典除了修身，

達到向內的聖境，還能夠教人統治，教人認識統治的本質，如何設立社會秩序、政治體制、社會結構，亦即是傳授一整套的道統、綱常、倫理、禮規、法治體系的建立，理解透徹並依照執行，如此統治就會長治久安，所以第二種功能即是有王的功能，使人成王的功能。

我們學習古之聖王所創的經典，聖王即所謂內聖外王，亦即是我們中華文明所有的經典，都同時包含內聖與外王這兩個功能，這是中華獨有的，是中華文明後來之所以出現大漢、大唐屹立於世界之巔，宋、明、清鼎盛繁榮、文治武功的根源。我們的祖先留下這些經典文明傳承給後世子孫，只要學好了，兩類功能都會具備、都能達到，向內可成聖賢，向外能做帝王，此即謂內聖外王。

然而，我們中華祖先的這一套智慧和西方的傳統有何區別？談及信仰傳承以及宗教，那麼和佛教、基督教、伊斯蘭教、猶太教又有何區別？首先的區別就在於，經典創始人的身分不同，比如佛教的創始人是釋迦牟尼佛祖，在人間的身分是王太子，但他並沒當過王，他放棄了當王的

機會，然後出家修行。其實佛教創始人走的就是個人的修身之道，即個人成聖，所以真正的佛經強調的都是，如何透過佛法修行，自我達到圓滿的狀態。

有人說：「老師，我修成了菩薩，所謂大乘菩薩道，修成大菩薩、修成佛，不就是救苦救難，普度眾生嗎？」其實不然。為何是個人的菩薩道？即使修成觀音菩薩，也是對一個一個單獨的有緣人度化，使之解脫，佛法並沒有王的功能，如何治理，為子民建立一整套政治體制、社會秩序，設立一整套道統、綱常、倫理、禮規、法治，來進行統治。佛法沒有這種功能，佛法度人也是告訴每一個人如何昇華，最後如何成佛、成聖。其實，佛法僅有中華祖先傳承的智慧中的一個功能，就是修身的功能，而沒有社會功能，沒有統治和管理功能，因為佛祖本身並不是帝王，雖然身分是太子，但並沒做過帝王。

在此我們並沒有高低上下，沒有好壞之分，只是客觀的比較一下各自的區別。再比如基督教的創始人是耶穌，耶穌也是平民身分，現實中也沒當過王。不像中華的堯、

舜、禹都是王，都是直接統領氏族、統領天下，所以我們的經典可不是普通人用頭腦創出來的，《道德經》也不是老子創立的經典，與孔子一樣，老子也只是把堯、舜、禹創的經典在國家圖書館裏找到以後，抄錄下來，他也不是王，也不是自創經典。剛才講的伏羲、堯、舜、禹、商湯、周文王、周武王、周公、孔子，這都是王。

　　有人質疑，「老師，孔子也沒有當過帝王啊？」孔子被稱為素王，歷史對孔子的稱謂，歷朝歷代的皇帝加封孔子，都尊稱為素王，意即為無冕之王。這即是認可孔子，將所有聖王所傳的經典，彙集整理形成六經，然後又把一整套秩序制度、禮儀規範的標準都整理呈現給後世子孫。孔子之後就沒有聖王了，也沒有人再能創立經典，包括孔子亦是述而不作。孔子之後中華再無聖王。

第十章

始於事親　中於事君　終於立身

內聖外王孔子儒學合一
《孝經》聖王之道教化復興

上一章講到中華經典傳內聖外王之道，我們再看《孝經》中接着就講到了小孝事親，中孝事君，大孝立身，即【夫孝，始於事親，中於事君，終於立身。】這句話從字面上理解的意思為，小孝是從在內對父母好開始，中孝是在外對君主好、忠於君主，大孝終於立身，真正的大孝謂之立身，即自我修行、自身圓滿。然而，這麼理解就太膚淺了，如果這樣理解《孝經》，人就會非常迂腐，只會在家事事順著父母，出外就忠於老闆、忠於君主、忠於國家，最終透過自我修行逐漸實現自身的圓滿，其實並不是那麼簡單。

真正解這句話，「夫孝，始於事親」是承接上面一句話，親也不僅僅指父母，這裏的親即是所謂宗親血脈。首先，孝要從哪裏開始做？就要做到前面講的「立身行道，

揚名於後世，以顯父母，孝之終也」，這句話即謂之事親。前面我講了很多，做任何事先為自己的祖先想一想，為自己的子孫想一想，有沒有傷風敗俗，是不是不擇手段，會不會留惡名於世，得先想一想然後再決定做與不做。如果做一件事只能快速的多賺一筆錢，但是需要做奸犯科，臭名昭著，使祖先顏面無光，給家族帶來污點，為子孫留下惡名，那就不能做了。所以，親即是宗親血脈，也就是宗姓家族，要從此開始行孝。

何謂「中於事君，終於立身」？上一章講過，古之聖王的經典，中華文明的智慧體系，呈現兩類功能，一是內聖，一是外王。中於事君即是指外王之道，終於立身則是指內聖之道，兩類功能皆在此句話中。中於事君，可不僅僅是聽、是順、是忠誠於老闆、國君，不是這個意思，而是指輔佐當下的王，即老闆或者君主，使之走上聖王之路。亦即是幫助君主建立一整套綱常、倫理、禮規、法治體系、社會的結構和秩序、政治體制，同時幫其理順，政治體制建立好了，即是建立和維護道統、綱常，此即謂中於事君，使君主能夠對外成為聖王，即應用外王之道。

立身，即自己向內修行，修身成聖，是自身成聖，這才是真正的孝之大事。修身成聖，輔佐其他君主或者自己做君主成王，謂之聖王，可以流芳百世，留名千古，這就是大孝，即孝超越了家族，成為聖王，王即是所有家族之主，由於自己的修行和功業，成為所有家族宗親的榜樣。就像劉邦建漢，劉姓家族作為皇姓在大漢就成為第一姓，而且所有皇帝都同時具有四種功能權力，一是君權、一是神權、一是族權、一是夫權。其中族權亦稱為宗權，所有的家族、宗族之中皇族是第一，為所有其他家族立榜樣，同時也是中華民族的代表，意即是皇族之姓是整個民族的代表。中華百家姓，皇姓是第一大姓，帝王家族也是整個中華民族的代表，因此作為帝王即是謂事親。

　　然後帝王修身成聖使自己成為聖王，繼續開疆擴土，國家長治久安，百姓安居樂業，謂之聖王之道。如此，外王內聖皆為大孝，亦即是大孝有兩個功能，外王和內聖。其實我們講了好多，不正是在講這句話嗎？

　　而西方國家的修行，比如基督教是耶穌創立的，他本

人不是王；猶太教的先知摩西，得到了上帝的十誡從而建立法律，因此西方的一切律法都以上帝十誡為標準基礎，但摩西也不是王；其實伊斯蘭教也是一回事。而中華真正創立我們的一整套智慧體系的，就是我們上古的聖王。後來由孔子承上啟下，把這套體系傳承了下來。儒學經典的功能為經邦濟世之道，現在我們可以更加清楚，經邦濟世的功能也體現在兩方面，一是內聖一是外王。首先，內聖即自我修行，修身達到聖境，這一方面就類似於修佛法，以及西方的基督教、伊斯蘭教、猶太教，與這些宗教在這方面有些近似。另一方面就是外王，即整個社會體制、社會結構、社會標準，整套綱常、倫理、禮規、法治體系，都用於成為聖王。因此，經邦濟世的兩方面功能，在《孝經》中其實也講得很清楚，但是不解讀根本理解不了。

要清楚為什麼要學習儒學經典，這就涉及到一個人的願，如果想自身修身成聖，發揮內聖的功能，學習儒學的時候，就有重點的學某一方面；如果想提升自己的管理水平，想成為帝王或帝師，實現在人間的功成名就，能夠建功立業，揚名於後世，帶領家族及企業走向全世界，就要

發揮外王的功能。在此藉由講解《孝經》大孝功能的劃分，簡略的為大家講解儒學的架構，清楚了儒學的架構，學習才有重點、才不會混淆、才不會困惑。

儒學架構基本上就是這兩大功能，孔子自身是完整的、合一的，他是一個整體，兩大功能都具備。但是在他之後的弟子，就開始劃分為有的側重於內聖的修身之道，有的側重於外王的聖王之道，要建功立業。側重內聖的弟子就排斥建功立業，不入朝、不從政、不去阿諛奉承，獨守內在的清淨，獨守高風亮節，留清名於後世。尋求外王之道的弟子，有些就運用儒學之道積極入世，到各國為官，有的官至宰相，引導和左右春秋戰國以及後世的政治格局，一直影響了中國幾千年的政治。

在此為大家梳理一下，追求內聖之道的孔門弟子，以曾子為首，以及曾子的弟子、孔子之孫子思，和子思的弟子孟子，他們把儒學內聖修身方面的功能充分的發揚光大。尋求外王之道的後輩弟子，有一位儒家非常重要的人物就是荀子，雖然荀子走的是儒家外王之道，但是他已經不是

孔子親自教的，而且是戰國時期韓非子和後來秦朝宰相李斯的師父。

有人立刻反駁說：「老師，不對啊！韓非子、李斯是法家的代表人物，荀子是儒家的代表人物，荀子怎麼可能教出法家的徒弟來呢？」

荀子傳承的其實就是儒家的外王之道，而事實上可以這麼講，真正的法家應該緣起於荀子。對此學術界中有很多爭論，因為荀子之前，已經有很多諸如管仲、李悝、商鞅等法家代表人物了。其實那些都只能稱為碎片，真正的法家集大成者就是荀子，把儒學一整套外王之道，即是統治管理之道發揮到了極致，才教出了李斯、韓非子這樣的學生。荀子對後世統治管理之道的影響，是歷史上空前絕後的，法家之成道就從荀子開始，所以荀子在儒學體系中非常重要，代表的是儒學的一大功能，傳承了儒學外王一派。

中華漢唐的鼎盛如何而來？大漢時期大興儒學，為何漢武帝時罷黜百家，獨尊儒術？儒學把漢唐帶向了世界之

巔，到底是內聖之儒學，還是外王之儒學帶領的？在此明確告訴大家，是荀子的儒學外王之道，這一套儒學智慧體系，真正把漢唐帶向了世界之巔，因此亦稱之為漢唐儒學。

如果將儒學分為幾個階段，有先秦儒學、漢唐儒學、宋明儒學，這三個階段。先秦儒學階段是指春秋戰國，一直到秦統一的一段時期，即是上古經典流傳至春秋，孔子將其集大成，形成了儒學體系，這是儒學成形的階段。漢唐儒學是外王功能發揮巨大作用的階段，直接導致了秦統一六國、漢之鼎盛、唐之繁榮，可以看到儒學對中華文明的影響力。宋明儒學則是內聖功能體現的階段，以程朱理學、王陽明心學為代表，內聖之儒學延伸到宋明時期，就開始排斥荀子的外王儒學，甚至推翻了外王之道，只追求內聖，不允許外王儒學存在，認為外王是法家的不圓滿之學，甚至是殘暴的學問，主張一定要內修，要走內聖之道。所以宋明儒學接的是孟子的法統，跨過漢唐直接接到了孟子。

為什麼透過《孝經》這一句話，延伸出這麼多儒學的

內容？因為現在中華民族要復興了，而中華民族的復興一定是文化的復興，文化的復興則一定是儒學的復興。如果不懂儒學到底是什麼，由何而來，有何作用，同時儒學的淵源脈絡，以及如何分支也都不通，就不能盲目的復興，更不能亂復興，不可以把儒學發展中的分支片面的復興。現在中華的復興是要達到漢唐時期的巔峰狀態，宋明儒學本身沒有問題，孟子也沒有問題，但是要清楚那是儒學的一部分、一個分支而已。

現在中華民族想要的，是重新達到世界巔峰，文治武功都要天下第一，要的是「復我大漢之精神，興我中華之偉業！」我們首先要做到外王，所以學習儒學、復興儒學，我們要好好學習荀子的儒學。而且，《孝經》和荀子的關係非常密切，其中有很多荀子的思想，其實《孝經》本身就是荀子的思想。然而《孝經》中的曾子與荀子究竟是何關係？為何《孝經》中會有百年以後的荀子的思想？為什麼我們講《孝經》要講到荀子？以後有機緣我會給大家詳細的講解荀子，其實講荀子也要從《孝經》開始講，荀子的思想就是外王之道，也就是管理之道、統治之道，都必

須從孝中來，由孝引出敬，由敬引出禮，然後用禮教化國民。

前面講到了匪王、霸王和聖王。匪王怕民，歷史上任何時期一說到匪，老百姓都跟著一起打，所以匪王怕民。霸王愚民，一定是老百姓什麼都不懂的狀態下，一聲號召思想統一都聽他的，此即為霸王。聖王教民，以禮樂教化民眾，教化眾生。都是不同的層面，荀子這一套外王之道，亦即是統治之道、管理之道，就是以教化眾生的禮樂為前提，然後形成等級制度，形成各種秩序、規則，形成以後不可以違犯，不可以打破，只需按照制度體系去做，國家就能長治久安，百姓就能安居樂業，統治階層就能教化民心、開民智，把優秀的底層老百姓選拔到精英層，就能按照制度層層穩定的治理整個社會。這就是外王之道，成為聖王之道，就是荀子的儒學。

其實《孝經》中並沒有講立身之道，立身之道就是個人修行如何成聖，《孝經》講的就是外王之道。之後我會為大家好好講講《孝經》真正的緣起，其中有很多的爭議，

也包括《孝經》到底與荀子是什麼關係。在此，我們首先要清楚我們到底要恢復漢唐的儒學，還是宋明的儒學。如果想把企業、把國家真正帶向巔峰，而且能夠長治久安，一定得走漢唐儒學之路，而不能僅僅恢復宋明的儒學。這就正如想在世間建功立業，不能僅去學佛學，是一樣的道理。

本身佛學就不是將人帶向在世間當大官，或者賺大錢，而是帶向個人的修行。雖然佛法也講究修好以後，能成為世間的轉輪聖王，但是整個佛法中還有更多修法教人成為轉輪聖王嗎？全都是教人如何自修，然後成為菩薩。這方面，可以去讀我的《解密禪宗心法》系列對《六祖壇經》的解讀，那就是內聖之道，但是那裏面並沒有教人社會結構如何建立，道統、綱常體系如何建立，所有這些聖王管理之道可都沒有。這些聖王之道唯一只有在儒學中有，所有的宗教走的都是內聖之道，只有儒學是陰陽雙修，內外兼修。

所以我們說，儒學必將大興於世，但是我們一定要把

穩方向，現在需要大興於世的不是內聖之道的儒學，不是宋明儒學，那不是國家民族復興所需要的。而後面我們要好好講一講，何為漢唐的儒學，又應該如何復興。其實在此講解《孝經》的時候，就是在講荀子的儒學，即儒學外王之道的功能。讀者想要達到什麼目標，我所講授的儒學是不是你想要的，應該很清楚了，大家有緣才能相應。

第二節

立身定位在先 中華聖王集體教化
執行天道通天徹地

　　已經講了這麼多內容，第一章開宗明義還沒有講完。其實《孝經》整部講完，儒學這套體系基本上就全部呈現出來了。但是，我們應該要清楚的是，真正的儒學到底是怎麼來的？學儒之人到底要如何定位發展？學儒的終極目標到底是什麼？只是學習一些知識和智慧嗎？

　　我們現在都清楚，學佛的目標就是要行菩薩道，最終要成佛，圓滿我們的人生。其實學佛就是為了斷煩惱，同時世間的一切，包括世間的功德、福慧都擁有，實現世間的圓滿。成佛就是要得到世間的五福，同時還要大自在，大自在即是得到遠離煩惱之福。

　　學佛是個人的修行，讓每個人擺脫煩惱。但是如果要使家庭更加和睦，企業興旺發達，國家民族興盛強大、繁衍生息、屹立巔峰，是有另一套做法的。所以我們到底要

學佛還是學儒，現實中如何應用佛法，如何應用儒學，一定要分清楚，理解明白，不能混為一談。

儒學本身的功能就是經邦濟世。要想實現家庭、家族更加和諧，更加興旺發達，子孫繁衍生息、不衰不敗，能夠長久發展；企業越做越大，越長久；國家、民族興盛強大，屹立於世界之巔，文治武功天下第一，就要學習儒學。我們正在學習《孝經》，「立身行道，揚名於後世，以顯父母，孝之終也」，何謂立身？其實，立身不僅僅是指修身，而是首先要把自身的定位確定清楚，即現在自己是什麼定位，下一步要往哪個方向發展，現實中的定位清楚了，就立住身了。我們經常講立身就是修身，使自己的修為越來越高，但是其實根本不知道何為修身。身不立何來修，首先是立身，然後才是修身，是謂立身行道。

學《孝經》就要清楚真正的孝是什麼？孝敬父母只是小孝，或者局限的孝、狹義的孝。中華提倡的真正的孝，用一個詞表達其本質，就是秩序。而秩序是建立在等級基礎上的，先有等級才有秩序，等級是不可逾越的，大家共

同遵守秩序，而後就形成了禮，遵守的禮、遵守的等級、遵守的秩序即是禮規，而遵守這套禮規、道德標準，即謂之善，也就是所謂的積功累德，從而彰顯於後世，這是值得表揚的，故謂之揚名於後世。

還有什麼能揚名於後世，官做的大能揚名嗎，發大財能揚名嗎？歷史上當世有名的宰相多了，皇帝也很多，後人能記住幾個宰相、幾位皇帝，而發財的又能知道幾個，都留不下名。而歷史上有名的富翁，比如范蠡，並不是因為有錢而揚名，而沈萬三、和珅等雖然有錢，但留的卻多是惡名。官大有錢的人留善名的很少，儒家只有一個子貢，官做得最大，錢賺得最多，但子貢真正揚名也不是因為官大錢多，真正能夠揚名後世的，一定是為建立和維護這套道統綱常、倫理道德、禮規禮制做出巨大貢獻的人，並且是留芳名於後世。

凡是打破道統、打破綱常、違反倫理道德、不守禮規禮制的，最後留的一定是惡名，中國歷史即是如此。中華的文明信仰體系，和西方文明完全不一樣，中華文明是獨

立的、唯一的，西方文明都是建立在宗教基礎上的，現在西方也有這套道統、綱常、倫理、禮規、法治體系，其實也是建立在宗教基礎上的，整個西方法律就是建立在摩西十誡的基礎上。猶太教的創始人先知摩西，也是率領猶太人出埃及的領袖，當時猶太人是埃及的奴隸，而摩西是猶太人的先知，帶領猶太人走出埃及回到上帝應許之地，他在西奈山上得到上帝的單獨接見，上帝用手在石板上刻下了十誡，就作為所有猶太人，以及猶太教的宗教信徒，做事及行為的標準，稱為神授的摩西十誡。

給大家介紹一下摩西十誡，要能夠清楚比較一下東西方，我們才能知道儒學到底是怎麼回事。摩西十誡第一誡就是只能信上帝一個神，不可以信另外任何其他神。第二誡是不可以給自己做雕像，也不可以拜其他的雕像，作為其他的神都叫做邪神，只有上帝是唯一的神。第三誡不能稱呼上帝耶和華的名字，因為作為唯一的神特別尊貴，不能妄稱他名字，就像我們稱呼父親、爸爸都可以，但不能直呼父親的名字，那樣不尊重。第四誡是要守安息日，即是指上帝造人，前六天造了山河大地日月星辰包括人，工

作了六天，第七天上帝要休息，便稱為安息日。這就是禮拜天的來歷，就是指休息日，你工作了六天以後，第七天必須得到教堂專門禮拜，所以周日大家都不工作，放下世間的世俗工作，一起到教堂學習聖經，學習上帝的教誨。第五誡是應當孝敬父母，第六誡是不可殺人，第七誡是不可姦淫，第八誡是不偷盜，第九誡是不做假證即不打妄語，第十誡是不可貪戀他人的房屋、妻子，及所有人財物，也就是對鄰居他人不可貪心。

　　以上即摩西十誡，是神授的，是不可更改、不可質疑、無可辯駁的。是所有西方法律的基礎，那麼西方的等級制度，包括貴族制度、家族體制等，根上也都是神授的，有神的旨意。而且必須是神授的才可以，所以現在由西方教皇引領全世界幾十億教徒，國王登基必須得有教皇加冕，而教皇就代表神。所以西方的一切其實都稱為神授，君權神授，法律、憲法也是神授。基督教、猶太教、伊斯蘭教，其實都是耶教，都是一回事，現在的教徒占地球人口的 2/3 以上。

我們中華跟西方從根上就不一樣。西方是一神，以摩西十誡為導向，後面分化出法律、等級制度，以及一切的修為。中華沒有一個統一的、外在的神，也就沒有面向外神的信仰。中華信奉的是聖王，代表的是一個集體，而不是一個人，就是以伏羲、女媧為代表，後來的三皇五帝，包括黃帝、堯、舜、禹、商湯、周文王、周王、周公、孔子，中華是以聖王體系為代表，是一個集體，其實代表的是上古時期文明發達、科技超前的社會。

上古的社會體制，是透過一代代聖王傳下來的，而聖王不僅是氏族部落、國家民族的治理，同時還要留下經典。所有的上古經典都是聖王流傳下來的，上一章我們講儒學《孝經》也曾提及，中華沒有一個至高無上的、萬能的神，我們也不是神創造的，我們所謂的神代表的是超前性，代表宇宙自然的規律，代表一套道統，就是說我們在天道的指引下，神也是天道的執行者，而不是至高無上的，更不是天道的制定者。

伏羲、女媧、黃帝、堯、舜、禹這些聖王，都是掌握

了天道，在人間執行天道，把這套天道教給人，教化眾生，教化不是指向眾生指令信我這個神，而是信天道規律，要按照這個規律做事，就能夠興旺發達、繁衍生息、長治久安，不按照這個規律做，你就會很快敗落。所以中華聖王是教我們方法，不讓我們拜他，伏羲、黃帝、堯、舜、禹等聖王都不讓我們拜，而是讓我們學會他們教化我們的規律，即天道，這就是東西方完全不同的地方。

中華之傳承講究信自己，不信外面有神。不要覺着佛教是中華的信仰，也信佛，信釋迦摩尼佛祖，其實佛教也是外來的宗教，在唐朝六祖惠能時，佛教轉化成了中土的禪宗，這時還有外面的菩薩、外面的佛嗎？《六祖壇經》也都是講找自性、信自我，三皈依也不是向外皈依，都是向內皈依，已經完全融合到中華的這套文明體系中來了。所以，儒學這套體系是中華聖王創立流傳的，我們學習的經典、整個社會結構、政治秩序、政治體制，都是聖王在天道即道統的指引下，透過在人間建立綱常、倫理、禮規、法治體系，而逐漸形成的。我們的法律也是這樣來的，而不是如西方一般神授，有個外在的神指示我們遵守的，一

定都是在道統的指引下，在綱常倫理等的基礎上，建立我們的法律條文。

　　儒學之所講立身行道，首先要清楚的知道中華的聖王崇拜，而聖王不是一個萬知萬能的、如西方上帝似的、能決定我們的命運的、外在的神。我們的聖王掌握著規律，同時有幾個非常重要的身分，這就是我們的立身之本。即是前文所講，我們的古之聖王或稱帝王，如伏羲、黃帝、堯、舜、禹都有四個身分即權力。第一是神權，而此處之神權不是像上帝一樣的神，我們的神權是指所有的聖王一定有個最基本的身分象徵，代表聖王是通天地的，本身不是一般人，但既不是凡夫，也不是上帝，是能夠通神靈之人，中華講究萬物皆有靈，我們的聖王第一個身分就是能夠與天地萬物之靈相溝通，此即謂之神權。

　　古之聖王知道天道運行之規律，本身能夠通天徹地，正如孔子《易經・繫辭傳》中對伏羲的描述，「古者包犧氏之王天下也，仰則觀象於天，俯則觀法於地，觀鳥獸之文與地之宜，近取諸身，遠取諸物，於是始作八卦，以通

神明之德，以類萬物之情。」伏羲是中華聖王的代表，是我們的人文始祖，透過上文孔子對伏羲的描述，已經把聖王的第一大身分功能說得非常清楚了。以通神明之德，即伏羲通神明，即是與萬物之靈都能夠溝通；以類萬物之情，因為他通神明，所以他才能夠知道宇宙自然萬物的發展規律及其特性。

後面的黃帝、堯、舜、禹這些聖王，其實都具備神性，而這就涉及到儒學的來歷了。伏羲、黃帝、堯、舜、禹第一身分是有神性的聖王，而有神性的人是指能夠通天徹地，能夠知道宇宙自然規律，能夠通神明之德，跟萬物之靈溝通的人，古時我們稱為大祭司，亦稱為巫。遠古的時候，巫是一種最高身分的稱謂，是最受人尊重的，是通神靈、通天徹地的人。而通神靈之人必是有大德之人，清淨之人，而中華聖王的第一個身分功能是神權，就是通天徹地，能與萬事萬物之靈溝通的大祭司。

聖王的第二個身分是君權，才是王，就是現實中能夠統治統治民眾、統治萬物。第三個身分是族權，君王之姓

是天下第一姓，所謂統領百姓，即百家之姓，俗稱老百姓，此即謂族權。我們所講的首先建立綱常、倫理體系，並以此為前提建立一整套以血脈宗親為基礎的社會結構，如此整個社會體系就非常的牢固，特別的有凝聚力。我們的民族就是由百家姓凝聚而成，每一個姓內部之間先凝聚，所有的姓最後又凝聚成一個大姓，這就是民族，就是我們的中華民族。然後百家姓氏各有各的宗祠，各有各的血脈，其實我們整個民族都是血脈相連的，所以我們這個民族不同於世界上其他的任何民族，是以宗親血脈緊密相連的，特別的緊密。

聖王還有第四個身分就是夫權和父權，在家庭裏是一家之主，在血脈宗族裏他也是一族之主，在整個民族中他也是民族之主。這就是所有聖王必備的四大權，神權、君權、族權、夫權，分別代表著宇宙自然萬物之靈、所謂的神亦即是道，以及民族和國家、家族與家庭。

所以孔子在《易經‧繫辭傳》中還有一句話，「形而上者謂之道，形而下者謂之器」，即無論君權、族權、夫權，

都是世間的統治，即器質世界的管理，而聖王同時通天之道，通神明之德，即在形而上的精神世界他也是王，這才是我們中華的聖王。

中華聖王與西方的上帝不同，西方上帝是創造者，所有的規律、萬事萬物全是他創造的，所以西方人只需要信上帝所說就行了，不需要向他學習，而且再如何學也不可能變成上帝，這就是摩西十誡第一誡，只能信上帝，別信任何其他神，上帝是唯一的神。所謂信上帝者得永生，上帝讓做什麼就去做什麼，別管為什麼，也永遠別想成為上帝，只要聽上帝的話，不違背上帝的十誡，就能得到上帝的恩寵，因為你的命運掌握在上帝的手裏。

所以西方並沒有對祖先、父母、兄長，以及對師長很深的敬畏，因為不覺得自己是從那裏來的，所有人包括我父親也是從上帝那裏來的，我也是上帝造的，雖然是媽媽生了我，但也是代表上帝，我是直接對上帝的，父母同樣也是直接對上帝的，總統國王也是直接對上帝的，乞丐也直接對上帝，所以西方一再強調平等，而這種平等從何而

來？即是上帝面前人人平等。

　　有人說：「應該是法律面前人人平等啊？」

　　是的，為何後面延伸到法律了，因為法律就是根據上帝的十誡而來的，所以延伸稱為法律面前人人平等，其實本來就是上帝面前人人平等，因為全是上帝造的。

第三節
孝是心態承認秩序合陰陽
等級秩序聖王教化安天下

我們中華自古以來就沒有人人平等這種說法，人與人之間沒有絕對的平等，人生而不平等。中華講究的一是等級，一是秩序。破壞了等級秩序是最大的惡，建立、維護等級秩序是最大的善，是最大的德。《孝經》所講的其實沒有其他，就是孝為德之本。然而所謂孝，在家孝順父母並不只是指聽爸爸媽媽的話，不聽父母的話也不一定是不孝，我們所講的孝，是指要有這個心態，父親是一家之主，一個家庭是以父親為主導的，這一點要清楚，承認家裏的秩序，就能承認公司的秩序，明白老闆是公司之主，守的是公司的秩序，然後也能夠承認國家的秩序，帝王就是帝王，統治者就是統治者，得承認、得遵守統治秩序。

秩序建立在等級的基礎上，即所謂綱常，人生而不平等，生下來就有等級，所謂人生而平等的概念僅是偏頗的

觀點。有的人出生在達官顯貴之家，有的人生在富豪之家，有的人就生在貧困潦倒之家，有的人生下來直接就是孤兒、流浪漢，怎麼可能絕對平等？此處所講的意思是，得承認人生而不平等，於是你的心裏就沒有怨，所謂無怨即是你就不會怨父母，不會怨社會了。如果只想平等，你就會怨，怨自己的父母，而羨慕別人的父母是億萬富翁，所以別人出生就條件好，怨自己的是農民，認為自己不比別人差什麼，本來自己和別人應該是平等的，但是自己的父母不努力，既不能當官，也不會創業，不能給自己好日子、好基礎。

其實不僅儒學體系，而且中華上古所有聖王從開始就教導我們等級與秩序。承繼上古智慧的一整套儒學體系，其核心所在亦即是《孝經》開篇一直到最後都在講等級和秩序，社會如何安定，社會結構如何穩固，政治秩序非常重要。其實，一個家庭的安寧，一個家族的興盛發達、繁衍生息，都離不開等級秩序。在等級秩序的前提下，整個社會才能擰成一股繩，才有強大的凝聚力，才會做到民用和睦，上下無怨，天下的人心才會順，這就是聖王之道，

是最重要的。

強調等級秩序，與現在的普世價值有些衝突，也有些顛覆。但是我所講的是，中華的這套等級秩序體系，已經在現實中穩定應用了上萬年，不僅是上下五千年，到現在才被打破一百年左右，但就是在一兩百年以前，一直往前幾千年，中華都屹立於世界之巔，只是清朝後期極度的腐敗，慈禧當政篡奪了皇權，就是她把整個道統綱常、倫理道德全都打破了，把中華祖先建立的這套體系都打破了，中華才開始了衰落。中華幾個大朝代，建立者一定是開始就建立這套綱常、倫理、禮規、法治，然後代代都守著這套體系，等到哪一代開始打破前面老祖宗建立的體系，要維新革命時，這個朝代也到了即將滅亡的時候。

中國的歷史就是在這個過程中不斷的循環往復，後來者推翻正在打破綱常的人，建立新的朝代，再按照上古體系建立一套綱常，於是又能延續幾百年，等他的後世子孫中，哪一代不孝的子孫繼位做了皇帝，又開始要打破綱常倫理規則，自認為聰明開始變革時，這個朝代也就該敗亡

了。

歷史都是這樣，那我們的家庭呢？現在家庭的禍亂之根，夫妻不和、孩子叛逆十分常見，就是天天強調所謂的平等，整個社會也都在強調平等，形成了混亂的根源。最後整個社會的結果是，家無主、公司無主、國家無主，都沒有等級。

家中的孩子都認為：「為什麼我要聽你們的？我現在已經十五歲，長大了，你是爸爸又如何？我跟你是平等的，憑什麼都是我聽你的？別給我說那些陳詞濫調，都是沒用的。」現在，幾乎所有的家庭都是這樣，下不順上，翻天覆地。夫妻之間為什麼感情不合？還是因為都覺得是平等的，都不比對方差，一件事各有想法、各持己見，所以家無主，家中就沒有主心骨了，老婆隨時會跟老公對抗，自認為學歷高，職位也高，老公都得聽我的，而老公也不服，於是家裏就開始翻天覆地的對抗。這就是因為沒有了等級就沒有秩序，關係都是亂的。在家無主，不知老公是主還是老婆是主，或者家中基本上是女人做主。

有人聽了不高興，「女人做主就不對嗎？」其實不是對不對的問題，而是有一整套的道統在上面，也就是要合乎陰陽的定律。我們這一套綱常就是建立在陰陽定律、五行生克的基礎之上的，也就是在符合自然發展規律的基礎上建立起來的，已經實行了上萬年，一直實行得都很好。現在卻向西方學習，打破了我們實行上萬年的綱常體系，而之前我們一直都領先於世界，西方現在實行的這套體制才不到兩百年，未來是何狀態還不知道，我們就一味的學習，但把自己老祖宗的傳承全丟棄了。

　　我們現在講解儒學體系，講《孝經》，孝的基礎就是在家庭中建立等級，建立秩序，家庭中有等級有秩序了，家就穩就安，後面才能長治久安，才能逐步發達，才能真正繁衍生息。

　　等級秩序是什麼時候開始建立的？其實不說太久遠的時期，從堯舜禹開始的古籍裏就有記載，那個時期就已經有了綱常，就設立了等級和秩序，所謂管理無論是管理家庭、管理公司還是治理國家，首先即是把等級建立好，上

下無犯，上有上的責任，而且上有上的樣子，下守下的規則，不可以犯上，即謂等級。然後再把規矩定立好，秩序就形成了。

其實很簡單可以舉例說明，任何一支軍隊，如果沒有等級，大家都是兄弟，都是平等的，這支軍隊怎麼領導？肯定不可能是一支鐵軍。所有最有戰鬥力的軍隊一定都是等級分明，上下界限分明，執行命令是第一位，上面一級的命令，只要決定了，下級就要無條件執行，這才是鐵軍。打造鐵軍，一定是在等級的前提下，建立秩序，如此才能真正做事。

一個家庭要想安寧，等級必須也得定好。組建家庭時，等級就得明確，有了孩子後，從小也要教育孩子父親的尊嚴不可侵犯，所以母親不要任何事都要求平等，所謂媽媽跟爸爸一樣，父母都要有尊嚴，難道只能爸爸有尊嚴，媽媽就沒有尊嚴嗎？不是這種道理。所謂嚴父慈母，母親真正要的不是尊嚴，在家裏的位置也不是至高無上，而是要慈愛、是緩衝、是忍耐、是坤之德，即大地的包容之德。

男為陽，女為陰，這是天性。陽有陽之特性，陰有陰之特性，即謂陽之德和陰之德。陽之德，主動，是在上的躁動力量，猶如大霹靂，呈現的是威嚴力量；陰之德即坤之德，主靜，是大地包容，在下面安靜接納，代表的是慈，代表的是愛。

如此安排對孩子來講，家裏陰陽都到位，即所謂「天尊地卑，乾坤定矣」，家裏男人負起男人的責任，女人負起女人的責任，家裏秩序建立起來，孩子在家裏就能正常的健康成長。父親代表威嚴、力量、巨大的靠山，有父親支持，就有座大山在後面作力量的支撐；母親代表包容、慈愛、接納，是眼前的河水，可以在裏面浸泡，非常的溫暖、滋潤。家裏之事父親為主，如果父親不變通，甚至不可理喻，母親在其中協調，但是父親的威嚴不可以侵犯，孩子在這樣的氛圍中長大，從小就知等級、守秩序，不會觸犯父親的威嚴，也不會忤逆母親，對母親是一種依賴、是愛，對父親則是敬，對父親的威嚴有一種怕，但同時是更大的依賴。

為什麼孩子十幾歲就開始叛逆？所有叛逆的孩子都是從小嬌慣的，家裏都是媽媽說了算，一手遮天，父親在家成了娘男，既沒有力量又沒有尊嚴，同時媽媽又代表著慈愛，孩子還怕不起來，結果爸爸做起了母親的慈愛、包容、接納的角色，父親的力量發不出來，母親去發力量，這不就是乾坤顛倒嗎？所以，孩子長大以後叛逆，甚至反社會，就是因為沒有安全感，父親形不成一座大山，沒有威嚴，壓不住孩子，孩子反而沒有依靠力量。現在社會上叛逆、反社會人格的孩子很多，就因為家裏沒有等級、沒有秩序。

　　現在的公司中，老闆還能建立起威信嗎？為什麼所有的員工，從高管到中層，再到基層員工，聚會時都在罵老闆呢？或者都在看老闆的笑話和熱鬧，根本沒有當成衣食父母。老闆沒有威嚴，之後就沒有尊嚴，企業一定做不好，甚至老闆跟下面打成一片，都成了哥們兒姐們兒，所以下面的人根本不知尊重老闆。其實，這就是因為在家裏，你的父親沒有威嚴，你就沒有等級，你不明白從家裏出來以後，走向社會你還是會把家裏的狀態延伸出去，對老闆也沒有敬畏，對老師、對長輩、對君主都沒有敬畏。

在家裏跟父親動不動就發脾氣、吵鬧，而父親就在妥協，到學校裏跟老師也是這樣，因為老師、老闆、君主，以及其他長輩，都是父親的延續。你心中跟父親是什麼關係、相處模式，到社會上就跟老闆是什麼相處模式，跟君主也是什麼相處模式，改變不了。不可能在家裏父親特別威嚴，你特別尊重父親，到了公司你對老闆根本不在乎，或者勾肩搭背，或者動不動就鬧脾氣，絕不可能。企業中如果沒有等級、沒有秩序，這個企業一定發展不好，就如同軍隊中沒有等級秩序，一定形不成戰鬥力一樣。

一個國家也是一樣，我們講的是由孝引申出的聖王之道，國家建立之時就要立綱常，定倫理標準，然後設禮規制度，甚至建立法治來維護這套體系的運行，整個社會從下往上有等級，是一套完整的秩序，這就是社會結構。如此，整個社會人數再多也沒關係，都能夠凝聚起來了，大家都不會破壞綱常、規矩，一代一代的繁衍生息，就能穩定傳承。

比如上一章講的嫡長子繼承制，傳承就得遵守這項制

度規則，無論嫡長子能力、品行如何，都得按制度傳承，即使選擇了聰明無比的兒子繼承，與因此破壞了規則秩序相比較，破壞規則秩序的惡更大、禍患更大。真正何謂十惡不赦？要破壞這套規則秩序，不遵守祖先制定的等級、規則、秩序，這才是最大的十惡不赦，這樣的人必須廢掉。只要不破壞祖先制定的綱常、倫理秩序和規則，即使笨點、蠢點，哪怕心性不太好，都不重要。

一個人的能力高低、品行好壞，在整個體系中起不了太大的作用，即便是帝王也起不了太大作用。真正一個體系的運行靠的是制度，這套制度絕對不能破壞，這套制度就是秩序，絕不能破壞。哪怕這一代遇上了昏庸的帝王，只要他不破壞這套秩序、制度，下一代帝王、他的嫡長子很可能就是一代明主，而制度沒有破壞，國家就會穩定繁榮。

然而歷史上所有不守君臣道，造反推翻前朝帝王的，都是大逆不道嗎？也不盡然。但什麼情況下可以造反，什麼情況下不可以推翻呢？以商紂王和周文王、周武王為例，

當時的周文王姬昌是商天子下的一個諸侯，最後暴力革命牧野之戰把商紂王推翻、處死了，這就是以下犯上，或稱為大逆不道。但是為什麼建立周朝的周文王和周武王又是最講究禮制的？這就是剛才所講的，破壞祖先這套規則秩序的人，就一定要推翻。

商湯建立的一整套綱常、倫理、禮規制度，商紂王是無視的，因為商紂王非常聰明，特別有能力，能文能武，結果導致他目中無人，甚至目中無祖，要改變祖上的那套綱常制度。有一個非常明確的事件，古人最敬畏的就是我們的開創之神，就是教化我們的古之聖王，比如伏羲、女媧、三皇五帝這些聖王，極為敬重，而商紂王卻是一個不知敬畏，心中對古之聖王毫無敬畏之人。祖上的綱常規則建立在道統的基礎上，道統就建立在等級上，對於國家和民族的等級制度，這些聖王是最高的等級，我們一定得尊重、學習，同時敬畏聖王，這是綱常最重要的部分。

結果商紂王一次打獵回來路過女媧廟，進去避雨看見了女媧的塑像，覺得女媧很漂亮，比他現在三宮六院的嬪

妃都漂亮，要是也能做自己的嬪妃多好。如此就起了淫心、邪念，這就是大不敬，就是破壞綱常倫理道德的典型。結果商紂王在女媧廟裏，寫了一首詩讚美女媧的美麗，但是其中帶著邪念，不知高低的寫了所謂「但得妖嬈能舉動，取回長樂侍君王」，這樣的大不敬詩句。女媧回到廟裏一看，當即大怒，真是不知天高地厚，這個敗壞綱常之人，不能再讓他主持天下延續殷商了，也就是商要敗在他的手中。本來商還能延續一些時間，就是由於商紂王的傷風敗俗，同時最重要的是破壞了倫理道德、綱常秩序，如此商就亡在了他的手裏。所以傳說中女媧派了九尾狐迷惑、滅掉了商紂王。

周文王、周武王歷史上謂之有德，即能夠在道統的基礎上建立和維護綱常，即謂德，而且是大德。當時天下諸侯中最有德的就是周文王，所以周文王、周武王父子先後高舉義旗滅了商。商滅以後武王一年而亡，其子周成王還太小，於是武王的四弟周公旦，做攝政王輔佐周成王，把一整套綱常、倫理、禮規、法治體系重新建立了起來，所以後面西周、東周一直繁衍生息近八百年。

到了東周末年春秋戰國時期，孔子在世的時候，已經人心不古了。戰國時期天下大亂，又發生了什麼呢？其實就是這套道統倫理制度，以及周公定立的等級秩序，在春秋時期被強大的諸侯國一點一點的打破了，這就是後來人心不古、天下大亂的禍根。這個觀點也有明確的出處，孔子問道於老子，這樣一段非常有名的記載。

　　孔子求教於老子問道，現在天下人心不古，到底是怎麼了？為什麼發展到了這個程度，天下怎麼這麼亂？根源到底是什麼呢？老子告訴孔子，罪魁禍首的根源就在於各路諸侯的僭越，對周天子不尊、不敬、不從，僭越禮規，所以才導致了天下大亂，人心不古。

　　春秋時期各路諸侯崛起，春秋五霸開始相互爭霸，春秋五霸本身還能尊王攘夷，還能尊周天子為天子，維護周天子的利益和尊嚴，但是已經形成了五霸之霸業。等到戰國七雄的時候，基本就沒有天子了，戰火紛飛全都打亂套了。所以，從此以後，秦建立了中央的君主集權制，這套新的官僚體系建立以後，打破了以前的綱常。秦始皇雖然

統一了六國，但是並沒有像周天子那樣馬上建立一套道統、綱常、倫理、禮規體系，而是創立了他自己的一套體系，即是君主集權制，以及郡縣制這套新的官僚體制，所以秦十五年就滅亡了。

　　秦始皇雖然重新建立了一套體系，但是他所建立的並不是按照上古流傳的這套道統、綱常、倫理、禮規制度去建的，而是按他自己覺得如何適合統治老百姓，就建立什麼樣的體制。秦始皇很聰明，但是正因為他的聰明，導致了秦十五年而亡。而且秦僅僅傳了兩代，就是因為秦始皇也根本不在乎嫡長子繼承制，他的大兒子名為扶蘇，如果秦始皇正常建立這套制度體系，取得天下一旦登基做了皇帝，應該馬上立長子扶蘇為太子，這樣天下就安了。結果，秦始皇把扶蘇發配到邊疆，與大將蒙恬一起駐守北疆，跟匈奴作戰，相當於發配邊疆，後來他又突然死亡才導致了趙高和李斯扶持二世胡亥繼位。也正因為如此，才導致了秦的快速滅亡。所以，秦始皇同樣因為根本沒有按照上古傳下來一套體系建立他的王朝，所以很快就亡了。

我們再看漢高祖劉邦。劉邦建漢之後馬上實行的很多政策體系，基本上是在恢復周禮體制，實行分封制，以及周時的禮樂制度，進而以道家的無為而治，使老百姓休養生息。積累數十年後，更重要的是漢武帝時期，把孔子儒學體系堅定徹底的應用起來，而儒學孔子提倡的本就是復周之禮，也就是上古流傳的等級秩序的制度重新建立起來，大漢才得以興盛。

我們中華的強漢盛唐都是在這個基礎上建立的，其實我們可以舉的例子有很多，中華這一套道統、綱常、倫理制度，以及等級秩序體系，不能徹底打破。中華要想復興，必須得把這套制度體系研究透了，不能再當做腐朽落後了。不能一味認為西方所謂的一切都是平等、博愛就是好，在中華其實並不適用。

這個理明白以後，就可以知道何謂管理，何謂統治了。最基本的第一位就是等級和秩序，必須得建立綱常，得定立倫理道德標準，同時要讓大家遵守，不能打破，不能僭越，最大的惡就是破壞這套體系的規則，用人來破壞綱常，

這是在統治管理上最大的惡。

家也是一樣，大家一定要記住，在家裏建立等級，各司其職，各歸其位，各謀其政，其實這樣人和人就是平等的，本性上是平等的，表面不一定都能平等，而是各有特色，各有特性。老虎和羊本質上都是動物，但牠們之間平等嗎？羊和老虎生而不平等，也無法強調平等。老虎有老虎的職責，老虎也不容易，要維護龐大的領地，還要去搶佔新的領地，領地越來越大，虎群才能發展，其實也不容易。羊也不容易，羊身體太弱，雖然不承擔大責任，但是遇到老虎、獅子就容易被吃了，都不容易。然而，到底誰尊、誰貴、誰強、誰弱，其實都不好說，所以不要那樣片面的去比較。

其實，當家裏把等級、秩序都定立好了，家就安了，這是能夠感覺到的。公司管理混亂，上下不團結等等，也把等級、秩序都定立好，必須開除破壞秩序的人，這是大惡。能力差一點沒關係，因為公司運作已經都體系化、制度化了，已經不是依靠某一個人了，所以一個人的能力強

弱，破壞不了整個體系，同時一個人也不可能使整個體系飛越、昇華，那樣也不可以，那也說明有問題。

一定不能把整體的公司發展，或者國家、民族的發展建立在某一個人的基礎之上，絕對不可以。其實，最怕的就是所謂的能者、強人，不是怕本人，最怕的是他破壞體系、破壞秩序、破壞等級，隨意僭越。而這些事，正好也是有能力的人最容易做的事，而且他很難控制自己，因為他總是瞧不起上級，認為上級不如他，所以忍不住就想僭越，就想跨越上級，取而代之。這個事如果我來做一定比他強，這就是所謂僭越。

有人疑問說：「老師，這不是進取嗎？有能力的人就應該能者多勞啊！就應該提拔有能力的人啊！」你錯了，作為老闆或君主，如果管理統治時，以能力用人，後患無窮。然而，在我們解讀《韓非子》的時候還曾經講過，用人之道應該任人唯賢、唯才是舉，到底應該怎麼用人呢？一定要理解明白，分清楚，《韓非子》是法家思想，而法家是霸王成就霸業的階段使用的，也就是在開創期的時候

用的。當進入守業期的時候，就不能這樣用人了，所以真正的用人之道，還得懂得分階段。儒家、儒學所教的是聖王之道，聖王是要長治久安的守住江山，穩定發展，而不是創業、打天下。

　　還有一個階段是，創業最初的時候得先從匪開始做，不要講這些綱常、倫理、禮規，先在匪中當王，然後再稱霸，比如劉邦和項羽，當時都是從匪做起，把其他的匪都滅了，成為匪王了，然後劉邦和項羽再開始爭霸，那是兩個匪王在爭奪霸之王。最後劉邦把項羽打敗，統一了天下，之後劉邦馬上收斂霸氣、匪氣，建立這一整套綱常制度、等級秩序，才開創了大漢四百多年的王朝天下。周文王、周武王當時攻打商湯的時候，也是不擇手段，談何綱常等級、倫理道德，開始時就是匪王、霸王，這樣才能成功，甚至才能活命。打下天下以後，馬上開始轉為聖王之道。

　　我們在此學習的是儒學體系即聖王之道，聖王之道用人最關鍵的是，看一個人守不守綱常、守不守等級、守不守秩序。尤其是公司裏的高階主管，能力強，卻不知尊重

老闆，不守等級，經常有僭越、以下犯上的行為，那無論能力有多強，創造了多少業績，也必須裁撤，絕不姑息，這就是公司長遠發展的大惡。如果一個公司處在守業階段、發展階段的時候，一旦變成以某一個人為導向了，那這個公司就即將敗亡。一個人在公司就能發展得很好，一個人不在公司整體全垮，即使這一個人是老闆，這家公司也很容易垮掉，因為靠的不是體系，靠的不是制度，而是靠某一個人，那早晚一定會整體垮掉。我們現在透過《孝經》學習的是聖王之道，而孝的基本的核心就是等級和秩序。

　　本章所講最重要的就是立身，先擺清楚自己的位置，自己的定位，然後再看往哪個方向發展，自己到底想做什麼，自己的願到底是什麼，以及學習儒學會給我們指一條什麼樣的道路。學習了這套儒學經邦濟世之道，涉及到個人的定位，包括下一步的發展，而這套大智慧和現實的工作應該如何連接，以及一個人的選擇、取捨，都是立身的問題。立身非常重要，首先立好身，知道所學的是什麼，然後才是怎麼學，才能進入行道的問題。

本書由《孝經》為大家延伸展開了儒學之經邦濟世，亦即是中華內聖外王的聖王之道。很期待繼續與大家交流《孝經》之孝道文化，和中華博大精深的聖王大道智慧，有緣待續……

明公啟示錄：
帝王管理學與孝道文化 -- 范明公孝經開講 2

作　　　者／范明公

出 版 贊 助／張偉芳・張偉健

主　　　編／張閔

美 術 編 輯／申朗創意

責 任 編 輯／林孝蓁

企畫選書人／賈俊國

總 編 輯／賈俊國

副 總 編 輯／蘇士尹

編　　　輯／高懿萩

行 銷 企 畫／張莉滎・蕭羽猜・黃欣

發 行 人／何飛鵬

法 律 顧 問／元禾法律事務所王子文律師

出　　　版／布克文化出版事業部

　　　　　　台北市中山區民生東路二段 141 號 8 樓

　　　　　　電話：(02)2500-7008　傳真：(02)2502-7676

　　　　　　Email：sbooker.service@cite.com.tw

發　　　行／英屬蓋曼群島商家庭傳媒股份有限公司城邦分公司

　　　　　　台北市中山區民生東路二段 141 號 2 樓

　　　　　　書虫客服服務專線：(02)2500-7718；2500-7719

　　　　　　24 小時傳真專線：(02)2500-1990；2500-1991

　　　　　　劃撥帳號：19863813；戶名：書虫股份有限公司

　　　　　　讀者服務信箱：service@readingclub.com.tw

香港發行所／城邦（香港）出版集團有限公司

　　　　　　香港灣仔駱克道 193 號東超商業中心 1 樓

　　　　　　電話：+852-2508-6231　　傳真：+852-2578-9337

　　　　　　Email：hkcite@biznetvigator.com

馬新發行所／城邦（馬新）出版集團 Cité (M) Sdn. Bhd.

　　　　　　41, Jalan Radin Anum, Bandar Baru Sri Petaling,

　　　　　　57000 Kuala Lumpur, Malaysia

　　　　　　電話：+603- 9057-8822　　傳真：+603- 9057-6622

　　　　　　Email：cite@cite.com.my

印　　　刷／韋懋實業有限公司

初　　　版／2021 年 06 月

定　　　價／300 元

ＩＳＢＮ／978-986-0796-06-3

ＥＩＳＢＮ／978-986-0796-05-6

© 本著作之全球中文版（繁體版）為布克文化版權所有・翻印必究

城邦讀書花園　布克文化
www.cite.com.tw　www.sbooker.com.tw